BARF

Raakaruokinta käytännössä

BARF – Raakaruokinta käytännössä

ISBN 978-1-4092-7041-6

Kiitos Jaanalle kuvista ja kannustuksesta sekä
Katjalle uutterasta oikolukemisesta!

Sisällysluettelo

Kirjan tarkoitus ja ulkoasu

*Kirjan tarkoituksena on antaa
käytännön neuvoja ja tietoa
BARFauksesta suomenkielellä, sekä
kertoa ruokintatavassa käytettävistä
aineksista.*

BARF on laaja käsite jota käytetään monella eri tapaa nykypäivänä. Vallitseva käsitys on, että BARF on lyhenne sanoista "Bones And Raw Food" eli "luita ja raakaa ravintoa" tai "Biologically Appropriate Raw Food" eli biologisesti sopivaa raakaa ravintoa. Näistä lyhenteistä syntyy suurin osa erimielisyyksistä. Tässä kirjassa käsitellään BARFia lähinnä käsitteen "luita ja raakaa ravintoa" kautta.

Tämän kirjan tarkoitus on myös selventää raakaruokinnassa käytettäviä käsitettä ja antaa lukijalle hyvä käsitys siitä, mistä on kyse ja miten kyseistä ruokavaliota voi soveltaa omiin lemmikkeihinsä. Vaikka kirja keskittyy koirien BARFiin, ei se estä käyttämästä samaa menetelmää myös kissoille. Eroja tosin on, kuten kasvismössöt joita ei kissoille valmisteta.

Tarkoituksena on kertoa miksi BARF on vaivan arvoinen ruokintatapa, sekä mitä hyötyjä ja haittoja ruokintatavasta on. Kyse ei ole ainoastaan koirien terveydestä, muitakin syitä löytyy.

Olen ns. itseoppinut raakaruokinnan suhteen ja moni tässä kirjassa käsitelty aihe on tullut tutuksi jonkun toisen kirjoitusten tai kertoman kautta.

Lukemalla, luennoilla ja käytännössä tietoon saadut asiat on kokeiltu ja otettu käyttöön jos ne ovat käytännössä hyväksi todetut/havaitut. Pyrin tässä tuomaan esiin hyväksi koetut asiat.

Koska mikään näistä asioista ei ole itse keksimiäni tai millään lailla uusi taikka ainutlaatuinen keksintö, on kirjan lopussa lähdeluettelo. Kirjassa esitetyt tiedot perustuvat osittain lähdekirjallisuuteen, osittain omiin kokemuksiini. Yksi kirjan päätarkoituksista onkin tarjota tietoa suomenkielellä, koska suurin osa aihetta käsittelevästä kirjallisuudesta on valitettavasti edelleen englanniksi.

Tätä kirjaa lukiessa, tai yleensä raakaravintoa ja ravitsemustietoa käsiteltäessä on muistettava, että jokainen koira on yksilö ja siten tarkkoja, kaavamaisia ohjeita ei pysty antamaan. Tämä kirja pyrkii kertomaan mitä seikkoja tulee ottaa huomioon ruokinnassa, mutta täydellisen ravinto-ohjelman saa ainoastaan käymällä ravintoasiantuntujan luona, joka laatii yksilöllisen ohjelman juuri tietylle koiralle joka elää tietynlaista elämää tietynlaisessa ympäristössä. Tästä syystä haluaisin muistuttaa jokaista lukijaa siitä, että vastuu lemmikkinne ruokinnasta ja hyvinvoinnista on viimekädessä teillä.

Jokaisen on siis lopuksi itse päätettävä mikä on parasta omalle lemmikilleen, samoin kuin ihmisten on päätettävä mitä he päivittäin syövät – riippumatta siitä mitä ravintoainetaulukot sanovat. Aikuisen koiran suhteen tämä ei ole ongelma, pentujen ravinnon kanssa on oltava tarkempi – aivan kuten ihmislasten suhteen.
Teoreettisen tiedon lisäksi pyrin kuvien avulla havainnollistamaan miltä eri ainekset näyttävät ja miten niitä käsitellään. Sisällysluettelon avulla voit hakea kirjasta eri otsikoiden avulla tietoa eri aihealueista.

Kirjassa saatetaan viitata myös lisätietoihin tietystä aiheesta, joita löytyy jostakin toisesta luvusta tai mahdollisesti toisesta lähteestä, mikäli se on syventävää tietoa, jota en tässä teoksessa käsittele.

Toivon kirjan antavan tietoa jokaiselle jota sitä kaipaavalle, olkoon se BARFauksen aloittamista varten tai muuten vaan tiedonhalusta ja aiheeseen tutustumisen vuoksi. Mikäli kirja jättää joitakin asioita epäselväksi, voitte lähettää siitä meille palautetta jotta voin tulevaisuudessa parannella kirjaa entistä paremmaksi ja käyttökelpoisemmaksi. Palautetta voi jättää ja keskustelua jatkaa tai kysyä epäselvistä asioista keskustelupalstalla: http://calcifers.bubblelol.com/

Mitä BARFaus on?

*BARF on lyhenne englanninkielisistä
sanoista "Bones And Raw Food" tai
"Biologically Appropriate Raw Food".
Kummasta lyhenne oikeastaan on,
ollaan montaa eri mieltä.*

Raakaravintoa kutsutaan siis myös BARFiksi monessa eri yhteydessä. Sillä tarkoitetaan tietynlaista ruokintatapaa, josta ollaan edelleen montaa eri mieltä. Joidenkin mielestä kyse on lihaisiin luihin perustuva ruokavalioperustuvasta ruokavaliosta, jota täydennetään lihalla, sisäelimillä sekä kasviksilla. Toisten mielestä se perustuu pelkästään lihoihin ja sisäelimiin, joita sekoitetaan erilaisiin puuroihin tai vastaaviin. Tässä kirjassa käsitellään ruokavaliota joka perustuu lihaisiin luihin.

BARF nimityksen teki tunnetuksi australialainen eläinlääkäri Ian Billinghurst. Häntä pidetäänkin BARFin oppi-isänä, vaikka kyseessä ei ole suinkaan hänen keksimä ruokintatapa. Hän on kuitenkin henkilö, joka toi kyseisen ruokintatavan julkisuuteen kirjoittamalla kolme helppolukuista ja selkeää kirjaa.

BARF pyrkii jossain määrin jäljittelemään koiran lajinomaista ja luonnollista ruokintaa, jossa lihat ja luut ovat aina raakoja. Erona on tietysti se, ettei koiran tarvitse itse saalistaa ruokaansa. Jokainen kuitenkin päättää itse missä määrin pyrkii luonnonmukaisuutta jäljittelemään. Koira on alun perin sekasyöjä, eli pelkkä liha ei ravinnoksi riitä.

Jo vuosikymmeniä koiranomistajia on patistettu käyttämään teollisesti valmistettua koiranruokaa, koska se on valmistajien mukaan täysin tasapainotettua ravintoa. Tästä voidaan olla montaa eri mieltä, koska virallisia tutkimuksia ei käytännössä tehdä lainkaan. Tätä aihetta käsittelen kutienkin enemmän edempänä.

Raakaravinnon puolesta puhuu koiran anatomia. Anatomiaa tutkimalla, saamme huomata, että koira on ainakin lähempänä lihansyöjää kun sekasyöjää tai kasvissyöjää. Sen hampaat ovat kiilamaiset ja terävät. Ne ovat tehty repimään ja paloittelemaan lihaa ja luita. Niitä ei ole tehty hienontamaan kasvikunnan tuotteita. Verrataan koiran hampaita vaikka ihmisen purukalustoon, joka on sekasyöjä (tästä varmasti kaikki ovat samaa mieltä). Ihmisellä on talttamaiset etuhampaat, joita seuraa muutama terävä ja kiilamainen hammas ja viimeisenä tasaisen tylpät takahampaat. Näillä kaikilla hampailla on oma funktionsa: Etuhampailla voimme puraista palasia kasvikunnan tuotteista (esim. omena). Sitkeää lihaa voimme repiä ja osittain paloitella kiilamaisilla hampaillamme (ellemme käyttäisi nykyään haarukkaa ja veistä tähän tarkoitukseen) ja lopuksi pystymme hienontamaan ravintomme tasaisilla takahampaillamme.

Koiralla on pienet piikkimäiset etuhampaat, suuret ja pitkät kulmahampaat sekä kiilamaiset takahampaat. Etuhampailla ne voivat tarttua ja repiä, mutta eivät juuri lohkaista paloja mistään, esimerkiksi omenasta ne eivät saisi etuhampaillaan puraistua palasta samaan tapaan kuin ihminen. Kulmahampaat ovat pitkät ja terävät, eikä niillä näytä olevan syömisen kannalta juuri merkitystä, koska niillä ei voi juuri repiä, paloitella eikä hienontaa. Ne ovat tarttumista ja saaliin tappamista varten. Kulmahampaiden takana on pelkästään kiilamaisia hampaita, jotka ovat oivat paloittelemista varten. Paloiteltava materiaali saa myös mielellään olla kohtalaisen suurta verrattuna koiraan pään kokoon. Olemme varmasti kaikki nähneet kun suuri koira ottaa suuhunsa jotakin pientä syötävää, vaikkapa viinirypäleen ja yrittää sen jälkeen epätoivoisesti saada pureskeltua sen... Kyllä se onnistuu, mutta on helpommin sanottu kuin tehty, koska koiran hampaita ei ole suunniteltu pureskelemaan senkaltaista ravintoa.

Toinen anatominen todiste siitä, että koira on lihansyöjä, on koiran suolisto. Se on hyvin lyhyt verrattuna kasvis- tai sekasyöjien suolistoon. Sitä ei ole suunniteltu sulattamaan kasvis- vaan eläinperäistä ravintoa. Se myös käsittelee ravinnon huomattavasti nopeammin kuin esim. ihmisen suolisto ja kykenee tuottamaan kehon eri tarveaineita omatoimisesti (esim. vitamiineja) johon mihin ihmisen suolisto ei kykene. Vastaavasti koiran vatsalaukusta puuttuu tiettyjä entsyymejä, joita ihmisillä luonnostaan on, mitä se saa ainoastaan raa'asta lihasta.

Koiralle on tyypillistä pilkkoa ruokansa nieltäväksi sopiviin palasiin. Tästä syystä monikaan koira ei juuri teollisesti valmistettua ruokaa pureskele. Esimerkiksi kuivamuona on jo niin pienissä palasissa että koira voi vaivatta niellä ne kokonaisena.

Ihmisen ja koiran ruoansulatus eroaa myös toisistaan melkoisesti, kuten edellä mainittiin. Ihmisen syljessä olevat entsyymit alkavat jo suussa pilkkoa ruokaa ja prosessi jatkuu vatsalaukussa. Koiralla ei tällaisia entsyymejä ole syljessään, vaan se saa ne ravinnostaan, nimenomaan raa'asta lihasta. Sen keho ei pysty tuottamaan näitä entsyymejä itsenäisesti lainkaan. Tässä on yksi syy monista, miksi raakaruokintaa tulisi suosia.

Koiran vatsalaukku on suhteessa suurempi kuin ihmisellä tai kasvissyöjäeläimellä. Koiralla on myös lyhyempi ruoansulatuselimistö joka on erikoistunut käsittelemään eläinperäistä ravintoa, koska se ei kerkeäisi prosessoimaan kasviperäistä ravintoa ennen kuin se olisi kulkeutunut elimistön läpi. Esim. ihmisen suosimat ruohonsukuiset kasvikunnan tuotteet voivat olla koiralle pidemmänpäälle melkein kuolemaksi. Viljatuotteet ovat ruohonsukuisia kasveja. Niistä saatavat jyvät kelpaavat kyllä meille ihmisille, mutta ovat lähes mahdoton tehtävä koiran vatsalle. Kyllä koira esim. leipää syö ja se sulaa osittain sen elimistössä, mutta ravintoaineita se ei juuri kerkeä siitä saamaan. Lyhyt ruoansulatuselimistö mahdollistaa sen, että ruoansulatus itsessään tapahtuu nopeammin kuin kasvissyöjillä. Koirilla sulatus tapahtuu tunneissa, mutta kasvissyöjällä puhutaan jo päivistä. Nämä kaikki ovat asioita jotka tukevat sitä olettamusta, että koirat ovat pääasiassa lihansyöjiä.

Jotkin tahot väittävät, että koira on sopeutunut syömään teollisesti valmistettua ruokaa. Tämä ei mielestäni pidä paikkansa. Perusteluna on, että evoluutioevoluutio tapahtuu hyvin hitaasti, siihen tarvitaan jopa kymmenentuhatta vuotta. Teollisesti valmistettua ruokaa on ollut käytettävissämme noin kuusikymmentä vuotta. Vilkaisu tuoteselosteeseen kertoo, että valmisruoat sisältävät paljon enemmän kasvikunnan tuotteita kun mitä koiran elimistö sallisi. Tämä ei kutienkaan tarkoita sitä, ettei koira voisi elää ja tulla toimeen valmisruoalla. Monet koirat ovat eläneet koko elämänsä alusta loppuun valmisruoalla. Kuitenkin siitä jää puuttumaan koiralle tärkeitä aineita, joita se ei saa kasvikunnan tuotteista ja joita sen elimistö ei pysty tuottamaan. Esimerkkinä tästä ovat entsyymit ja hyödyllinen bakteerifloora.

11

Jos yllämainittu sopeutuminen kuitenkin olisi tapahtunut nopeammin, olisi koiran hampaisto ja elimistö muuttuneet sen mukaisesti, eli hampaiden terävät kärjet tasoittuneet ja ruoansulatuselimistö pidentynyt ja sopeutunut sulattamaan kasvikunnan tuotteita.

Valmisruokiin verrattuna BARF on erilainen myös käytännössä. Jokaista koiraa on syötettävä yksilöllisesti, riippuen sen liikuntamäärästä ja aktiivisuudesta. Jos joku kertoo syöttävänsä jotakin tiettyä koiranruokamerkkiä, tietää siitä heti minkälaista ruokaa koira saa. Jos vastaavasti joku kertoo BARFaavansa, ei siitä voi vetää mitään muuta johtopäätöstä kuin sen, että koira saa raakaravintoa. Minkä eläimen lihaa, sisäelimiä ja luita koira saa ja kuinka paljon, jää siis täysin avoimeksi. BARFissa ei myöskään ole tarkoitus muodostaa jokaiselle aterialle, tai edes päivälle, täysin tasapainotettua kokonaisuutta, vaan tasapaino saavutetaan pidemmällä ajanjaksolla. Nyrkkisääntönä voidaan pitää sitä, että aikuisen koiran ruokavalio pitäisi tasapainottaa noin kuukauden sykleissä. Pennut ja kasvavat koirat ja tiineet nartut ovat asia erikseen.

Joku saattaa tässä vaiheessa kauhistua: Ettäkö ei edes pyritä tasapainoon ruokavaliossa?! Johan meille on vuosikymmenet korostettu että koira tarvitsee tismalleen saman määrän täysin tasapainotettua ravintoa päivästä toiseen voidakseen hyvin... Ja mitä säännöllisemmät ruoka-ajat, sen parempi! Kyllä, pitää paikkansa, että Totta, näin meille on kerrottu uudelleen ja uudelleen.

BARFin perusideana on kutienkin noudattaa mahdollisimman luonnollisenkaltaista ruokintatapaa. En tiedä yhtäkään villieläintä joka saisi samaa, saman määrän ja täysin tasapainotettua ruokaa päivästä toiseen. Ruokavalio (ainesosat, määrä ja laatu) riippuu mm. siitä mitä sattuu kohdalle, saako saaliin kiinni, jne. Tasapainoon ravintoaineiden suhteen päästään pitkällä aikavälillä, jos silloinkaan. Ruokaa ei syödä edes päivittäin, vaan yhden päivän aikana saatetaan ahmia kolmen päivän edestä jne. Näin luonto on alun perin lihansyöjien elimistön säätänyt toimivaksi. Kysymys lienee nykykoiran kanssa lähinnä siitä, uskooko omistaja evoluution kajonneen koiran elimistöön vai ei? Jokainen päättää itse kuinka pitkälle luonnollisen ruokintatavan haluaa viedä.
BARFin ihanuus ja vaikeus piileekin siinä, että ruokintatapaa voidaan soveltaa ja muunnella juuri kyseisen yksilön tarpeisiin sopivaksi. Mitään tiettyä sääntöä ei ole, jossa kerrottaisiin, paljonko mitäkin koiralle pitää syöttää. Jokaisen on löydettävä oma tapansa joka

soveltuu parhaiten omalle koiralle ja siten myös jokaisella on oma vastuunsa kannettavana koiran ruokinnan suhteen.

Tämä on varmasti yksi syy miksi moni arastelee BARFin aloittamisen suhteen. Tietämättömyys ja epävarmuus ovat tunteita, joita ihmiset eivät yleensä halua kokea. Ovathan lemmikit tärkeitä ja jokainen varmasti haluaa että ne pysyvät hyvässä kunnossa ja saavat kaiken tarvitsemansa. Tämä kirja on kirjoitettu juuri sitä varten, että pohjatieto olisi kunnossa aloittamista varten, jotta virheiltä vältyttäisiin ja aloittaminen olisi hieman helpompaa.

Valmisruokateollisuuden mainokset kertovat lähes poikkeuksetta tarjoavansa tasapainotetun vaihtoehdon ravinnolle. Tässä on mielestäni maalaisjärjen käyttö sallittua. Otetaan meille kaikille tuttu, ihmisille tarkoitettu ravintoympyrä esimerkiksi. Jokainen tietää, että meidän ihmisten pitäisi saada tasaisesti maitotuotteita, lihaa ja kalaa, perunaa, viljoja sekä kasviksia. Emme kuitenkaan saa niitä 100 % tasaisesti joka aterialla, emmekä välttämättä edes joka päivä. Harvalla on tapana laittaa kaikkia aineksia tehosekoittimeen ja syödä siitä muodostuva massa. Silti voimme hyvin kunhan saamme jokaisesta ryhmästä syötäväksemme tasapainoisesti pidemmällä aikavälillä. Sama pätee koiriin.

Toinen vertauskuva jonka haluaisin tehdä, on ihmisten valmisateriat, joita kaupanhyllyt ovat puollollaan nykypäivänä. Jokainen tietää, että niitä voi syödä voimatta kovinkaan huonosti. Jokainen tietää myös sen, että jos syö pelkästään valmisaterioita pidemmän ajan, olo on sen mukainen. Vatsa menee löysälle tai kovalle, voi huonosti ja alkaa tehdä mieli jotakin tuoretta. Sama asia pätee koiriimme. Jos ne saavat päivästä toiseen valmisaterioita (teollisesti valmistettua koiranmuonaa), ne kyllä pysyvät hengissä, mutta voivatko ne todellakin hyvin? Jotkut pärjäävät paremmin kuin toiset. Joillekin BARF ei ota sopiakseen millään, mutta toiselta se poistaa kaikki ruoansulatusvaivat, ilmavaivat iho-ongelmat ja tulehdukset.

13

Käsitteet

Jotta kirjan lukeminen helpottuisi,
aloitan käsitteiden läpikäymisellä..

Lihaisat luut ovat raakoja luita joissa lihan ja luun suhde on 50%/50%. Näiden tulisi muodostaa vähintään puolet koiran ruokavaliosta, mutta monet syöttävät niitä enemmänkin. Esimerkkinä voisi mainita 2/3 joka ei ole harvinainen käytössä oleva suhdeluku, mutta alkaa olla maksimimäärä luita.

Hyvin usein kanansiivet mainitaan ihanteellisina lihaisina luina, koska niiden koostumuksesta on puolet lihaa ja puolet luuta. Samanlainen suhdeluku on kuitenkin monissa muissakin tuotteissa. Kalkkunansiivet tai oikeastaan mitkä tahansa siivet sisältävät lihaa ja luuta suurpiirteisesti samassa suhteessa. Esimerkiksi sian kylkipala, jossa kylkiluiden väliin on jätetty liha, on suhdeluvultaan suurin piirtein samanlainen. Ei siis niinkään ole kyse siitä minkä eläimen luista on kyse, vaan siitä, paljonko lihaa on jätetty luiden ympärille. Lihaisat luut voidaan myös joissakin tapauksissa korvata rustoluilla tai rustoilla.

Mitä lihaisia luita kukin käyttää vaihtelee myös paljon. Tietyt koirat suostuvat syömään vain pehmeämpiä luita eivätkä ole kykeneviä pilkkomaan haastavampia luita kuten naudan potkaluita tai vastaavia. Toisille koirille naudan reisiluu on ihanteellista puuhaa ja se jyystää luuta kunnes saa sen pilkottua ja syötyä. Lihaisten luiden syöttäminen vaatiikin aikaa eikä siinä saa hosua.

Ruokavalion on siis koostuttava pääosin lihaisista luista. Mikäli määrä jää vähemmäksi saattaa kalsiumin määrä jäädä liian alhaiseksi jolloin kalsiumin ja fosforin suhde menee epätasapainoon. Oikean määrän löytäminen sujuukin parhaiten kokeilemalla.

Minkä tahansa eläimen luut kelpaavat koiran ravinnoksi, edellyttäen että ne ovat raakoja. Esimerkiksi sanonta, että kanaluita ei koskaan saisi antaa koiralle, perustuu nimenomaan kypsennettyihin luihin. Kypsennettynä luut kovettuvat ja silloin niistä lohkeaa helposti erittäin teräviä palasia! Älä siis koskaan syötä koiralle kypsennettyjä luita, riippumatta siitä minkä eläimen luut ovat kyseessä!

Moni kummastelee sitä, miksi koiralle pitää antaa juuri lihaisia luita. Eikö riittäisi että yhdellä aterialla antaisi luita ja toisella lihaa? Tähän on yksinkertainen selitys. Luut sulavat kohtalaisen hitaasti ja liha pehmentää niiden matkaa suoliston läpi. Tästä syystä luiden kanssa pitäisi aina olla lihaa. Toki voi tehdä niinkin, että antaa luun sekä erikseen lihaa samanaikaisesti, mutta tällöin pitää varmistaa se, että koira syö molempia. Suurin osa koirista pitääkin enemmän jommastakummasta jolloin joko liha tai luu jää syömättä jos ne tarjoillaan erikseen.

Luut on myös mitoitettava koiran koon mukaan. Kääpiökokoinen koira ei pysty syömään samankokoisia luita kuin jättirotu. Monesti pienten koirien omistajat tuskastelevatkin sen kanssa, etteivät tahdo löytää tarpeeksi pieniä luita lemmikeilleen syötäväksi. Tähän pulmaan on muutama ratkaisu. Luut voidaan hakea lähimmästä ruokakaupasta jossa on lihatiski, mutta tällöin luiden hinta on varmasti verrattain korkea. Toinen vaihtoehto on pyytää raakaruokatoimittajaansa lajittelemaan erityisen pienet luut juuri teidän tilaukseen. Suurin osa ruokatoimittajista suostuu tämän tekemään ilomielin! Tietysti voit myös itse pilkkoa luita pienemmäksi, mutta siinä on oma vaivansa.

Luut tulisi myös valita sen mukaan, minkälaisia luita koira saa syötyä. Kuten edellä mainittu, tietyt koirat pystyvät syömään paljon kovempia luita kuin toiset. Koira myös oppii ajan kanssa syömään yhä vaativampia luita, koska järsiminen on taitolaji. Ihanteellista olisi kuitenkin tarjota sen kaltaisia luita että koira saa ne syötyä kokonaan. Mikäli tällaisia luita ei löydy, voi ostaa myös luumursketta, mutta tämä ei puhdista koiran hampaita yhtä tehokkaasti kuin lihaiset luut.

Suurin osa koirista syö mielellään kanan ja kalkkunanluita koska ne ovat pehmeitä. Muiden luiden kanssa voi olla toisinaan se ongelma, ettei koira halua syödä niitä. Ruokavalio ei saa kutienkaan rajoittua pelkästään näihin lihaisiin luihin, koska silloin vaihtelua ei ole tarpeeksi! Lihoja ja luita tulisi syöttää ainakin kolmesta eri eläimestä. Jos eläimiä on vähemmän joko siitä syystä, ettei koira yksinkertaisesti suostu, pysty fyysisesti tai voi syödä useampaa eläintä esim. laajojen allergioiden vuoksi, onkin viisainta ottaa ruokavalioon mukaan esimerkiksi luumursketta tai yrittää löytää muita pehmeitä luita kuten häränhäntiä, sian kylkiluita tai muuta vastaavaa.

Kasvissoseet kuuluvat myös olennaisena osana BARFiin. BARF sisältää kasvikunnan tuotteita siinä missä mikä tahansa muukin ruokavalio, erona on lähinnä se, että kasvikset tarjoillaan raakana kuten lihat ja luut, eikä kasviskunnan tuotteissa pitäisi käyttää mitään viljoja tai riisiä.

Kasvisoseet koostuvat BARFissa lähinnä lehtevistä vihreistä vihanneksista, mutta toki joukkoon sekoitetaan muutakin, kuten porkkanoita, kukkakaalia, tilliä, valkosipulia, omenoita, banaaneja, appelsiineja... Olennaista on, että kasvikset tarjoillaan soseutettuna, koska tällöin ne ovat parhaiten koiran elimistön hyödynnettävissä. Luonnossa koiraeläimet voivat toki syödä kasviskunnan tuotteita, mutta pääasiassa ne ovat koostuneet saaliiden vatsalaukun sisällöstä.

Vihreät lehtivihannekset sisältävät monipuolisesti ravinneaineita, ja siitä syystä niitä suositellaan käytettäväksi soseiden pääraaka-aineena. Lisäksi ne ovat helposti sulavia soseutettuna. Soseutettaessa kasvien soluseinämät rikkoutuvat ja niiden sisältämä selluloosa muuttaa muotoaan sellaiseksi, ettei se enää vaikeuta koiran ruoansulatusta. Lehtivihannesten lisäksi kasvissoseissa voi siis käyttää laidasta laitaan kasviksia ja hedelmiä, lukuun ottamatta sipulia ja koisokasveja! Monipuolisuus on tässäkin hyvin suositeltavaa.

Soseuttamisen lisäksi kasvissoseet monesti pakastetaan säilyvyyden vuoksi, mutta pakastamisessa on myös toinen hyvä puoli. Pakastettaessa kasvien solurakenne hajoaa entisestään jolloin soseiden sulavuus helpottuu edelleen. Suurin osa BARFaajista tekevätkin kokonaisen sangollisen kasvissosetta kerrallaan ja pakastavat sen sopiviin annospusseihin tai rasioihin.

Muut raaka-aineet koostuvat lihoista ja sisäelimistä sekä kalasta. Näissä tulisi myös ottaa huomioon vaihtelevuus ja tämän vuoksi lihojen pitäisikin olla peräisin vähintään kolmen eri eläimen lihoista, eritoten jos lihaisat luut koostuvat lähinnä yhden tai muutaman eläimen luista. Jos lihaisat luut koostuvat esimerkiksi lähinnä kanan ja kalkkunansiivistä, voidaan lihoissa ja sisäelimissä käyttää vaikka nautaa, sikaa, poroa ja lammasta.

17

Kalaa ja sisäelimiä tulisikin tarjoilla aikuiselle koiralle noin kerran viikossa kumpaakin. Rasvainen kala (kuten lohi) sisältää D-vitamiinia sekä omega-3 rasvahappoja. Maksa sisältää runsaasti A-vitamiinia. A-ja D-vitamiinit ovat molemmat rasvaliukoisia, joka tarkoittaa sitä, että ne varastoituvat elimistöön jolloin niitä on mahdollista saada liikaa. Tähän asiaan paneudumme syvemmin vitamiineja käsittelevässä luvussa.

Maksan lisäksi voi antaa muitakin sisäelimiä. Monella raakaravintotoimittajalla onkin valmiita sisäelinseoksia. Näistä kuitenkin kannattaa aina kysyä kuinka paljon seos sisältää eri elimiä suhteessa toisiinsa! Muita sisäelimiä ovat esimerkiksi sydämet, kivipiira (lintujen vatsalihaspussi) sekä naudan maha. Näitä voi syöttää runsaamminkin, koska ne eivät sisällä merkittäviä määriä rasvaliukoisia vitamiineja.

Naudan maha sisältää paljon erilaisia hyödyllisiä aineita, mutta monet vierastavat sitä pahan hajun vuoksi. Suosittelen kuitenkin käyttämään naudan mahaa, ja nimenomaan pesemätöntä naudan mahaa, koska siitä ei ole huuhdottu hyödyllisiä ainesosia pois. Nurjana puolena on kuitenkin vielä pahempi haju, joka ensimmäisillä kerroilla saattaa saada herkemmän hajuaistin omaavan yökkimään. Hajuun tottuu ajan mittaan, mikäli on tarpeeksi sinnikäs ja monesti hajuhaitan vastineeksi saa äärimmäisen tyytyväisen koiran joka silminnähtävästi nauttii ruoastaan. Kovin monesti se, mikä on ihmisten mielestä kuvottavaa, on koirien mielestä herkullista.

Kananmunia ja maitotuotteita voi myös käyttää, mutta ne eivät ole välttämättömiä koirille. Kuitenkin hapanmaitotuotteita (kuten piimää tai raejuustoa) monet käyttävät eritoten silloin jos koiralla on vatsaongelmia ja monesti ne auttavat. Lisäksi suurin osa koirista pitää näiden tuotteiden mausta. Hapanmaitotuotteet tai maitotuotteet yleensä eivät kuitenkaan sovi kaikille koirille. Joillain koirilla esiintyy oireita jo pienistä maitotuotemääristä, eikä niille ole suositeltavaa antaa maitotuotteita. Maitotuotteet eivät myöskään kuulu koiran luonnolliseen ruokavalioon.

Kananmunat sisältävät runsaasti vitamiineja ja proteiinia. Raa'an munan voi sekoittaa koiran ruokaan kuorineen päivineen tai antaa kokonaisena jolloin se antaa koiralle myös pienen haasteen, mutta mikäli se on keitetty, ei kuoria ole suositeltava laittaa mukaan koska niiden koostumus on muuttunut huomattavasti kovemmaksi jolloin sirpaleet voivat aiheuttaa ongelmia elimistössä.

Kananmunan valkuainen sisältää avidiinia joka sitoo itseensä biotiinia (B7-vitamiini). Tästä syystä kananmunia ei pitäisi syöttää usein. Monen suosittelema maksimimäärä on yksi kananmuna kerran viikossa.

Viljoja koira ei tarvitse ruokavalioonsa ollenkaan, vaikka kuivamuonat niitä runsain määrin sisältävätkin. Viljojen sekoittamista ruokaan perustellaan hiilihydraateista saatavalla energialla, jota ei kutienkaan ole pystytty todistamaan tieteellisesti. Koiran elimistö pystyy valmistamaan tarvitsemansa glukoosin rasvojen avulla, toisin kuin ihminen jolle hiilihydraatit ovat välttämättömiä. Koirille hiilihydraatit ovat myös heikko energianlähde koska niiden elimistö hyödyntää parhaiten rasvasta saadun energian. Viljatuotteet sulavatkin koirien elimistössä huonosti. Tämän todistaa ulosteen määrä verrattaessa kahta samankokoista koiraa, joista toinen joka syö kuivamuonaa ja toinen raakaravintoa.

On myös esitetty, että suurin osa koirista olisi keliakikoita ja täten viljojen sisältämä gluteeni saisi aikaan kaikenlaisia ongelmia kehossa, allergioista rytmihäiriöihin ja epilepsiaan. Näistä tutkimuksista lisää gluteenia käsittelevässä luvussa.

Kuituja koirat kuitenkin tarvitsevat jonkin verran, mutta niitä se saa yhtälailla kasviksista kuin viljoistakin, joten sen vuoksi ei viljoja kannata koiran ruokavalioon lisätä.

Se, että koira ei tarvitse viljoja ruokavaliossaan, ei kuitenkaan tarkoita sitä, että ne olisivat pieninä määrinä pahasta koiralle. Viljoja voi käyttää pienissä määrin koiran ravinnossa ongelmitta, mutta monet oirehtivat koirat ovat voineet paremmin täysin viljattomalla ruokavaliolla. Tämä on siis asia, jonka jokainen voi päättää itse ja kokeilla miten eri viljat omalle koiralle sopivat. Tärkeää on kutienkin muistaa, ettei koira saa viljoista juuri mitään ravintoaineita, eli viljat toimivat lähinnä täytteenä ja kuidun lähteenä.

Lisäravinteita BARFaajat käyttävät hyvin eri tavoin, eri aineita ja eri määriä. Mitään yleispätevää valmistetta tai määrää on mahdoton sanoa, koska kaikki riippuu koiran kokonaisruokavaliosta ja tarpeista. Pennun tarpeet ovat eri kuin aikuisen tai sairaan koiran ja vanhuksen koko ruokavalio on erilainen kuin edellä mainittujen. Välttämättä mitään lisäravinteita ei tarvitse antaa mikäli ruokavalio on muutoin tasapainossa.

19

Usein kuitenkin käy niin, että koira ei suostu syömään niin monipuolisesti kun sen pitäisi, tai että joistakin raaka-aineissa on saatavuusongelmia. Monet nykypäivän koirista kärsivät myös erilaisista häiriöistä, kuten stressistä, ilmansaasteista, sairauksista jne. Tällöin lisäravinteet tulevat kysymykseen.

Lisäravinteita on monenlaisia. Osa lisäravinteista saattaa olla varta vasten koirille valmistettuja kun taas osa saattaa olla ihmisille tarkoitettuja vitamiinivalmisteita tai vaikkapa maitohappobakteereja. Molempia voi käyttää, kunhan tarkistaa ettei ihmisille tarkoitetut valmisteet sisällä ksylitolia, koska se on myrkyllistä koirille.

Edempänä kirjassa on oma lukunsa jossa käsittelemme yleisimmät lisäravinteet ja mitä tulisi ottaa huomioon niitä käytettäessä.

Valmisruokien myytit

*Valmisruoista on monenlaista
uskomusta, mutta suurin osa niistä on
valmisruokavalmistajien uskottelemia
asioita. Tiedätkö oikeasti mitä
valmisruoat sisältävät?*

Moni on tottunut syöttämään koiralleen valmisruokaa, joko
mainoskirjoitusten rohkaisemana, ystävän tai eläinkaupan myyjän
suosituksesta ja yhä useammin jopa eläinlääkärin suosituksesta.
Ylivoimaisesti suurin osa ihmisistä syöttää valmisruokia kuitenkin
tottumuksesta. "Näinhän on aina tehty…" Vaan onko sittenkään?

Ennen valmisruokien ilmestymistä markkinoille, ihmiset tiesivät mitä
heidän lemmikkinsä söivät. He valmistivat lemmikkinsä aterian itse,
usein omista ruuantähteistään. Nykypäivänä menetellään aivan toisin.
On sanottu, että kotiruoka on pahasta, ehkä jopa vaarallista koirille.
Tämä on osittain totta. Ihmisravinto sisältää monesti liikaa viljoja,
suolaa, sokeria sekä säilöntä- ja väriaineita, etenkin nykyään. Monet
eivät tiedä kovinkaan tarkkaan mitä valmistusaineita ruokiin on
käytetty, mutta onneksi ihmisravintoa valvovat erinäiset instanssit.
Ihmisille ei saa syöttää ihan mitä tahansa. Toisin on
lemmikkieläinruokien kanssa. Kuinka moni voi rehellisesti sanoa
tietävänsä mitä valmisruoka sisältää? "Lukeehan se pussin/tölkin
kyljessä!" Lukeeko?

Valmisruokien tuoteselosteessa on hyvin monesti kirjoitettu "Sisältää
X % eläinperäisiä ainesosia" Tarkoittaako tämä sitä, että se sisältää X
prosenttiyksikköä lihaa? Vai kenties sisäelimiä tai rustoa/luuta?
Valitettavasti ei tarkoita. Lause ei myöskään kerro lainkaan minkä
eläimen ainesosia on käytetty, saatikka mistä nämä tuotteet ovat
peräisin. Ovatko ne kenties "ylijäämäpaloja" teurastamolta? Vai
ihmisruuaksi kelpaamattomia tuotteita? Pilaantuneita ruhoja? Sairaita,

21

teurastettuja eläimiä joita ei voida käyttää ihmisravinnoksi? Lopetettuja eläimiä? Lopetettuja lemmikkieläimiä? Yliajettuja eläinruhoja tienvarsilta?

Lista kuulostaa varmasti useimpien mielestä järjettömältä. "Eihän tuollaista voi terveellisiksi ja turvalliseksi kehuttuihin ruokiin laittaa! Eikä oma valmisruokani varmasti sisällä tuollaista, koska eläinlääkärini suositteli sitä…" Oletko varma asiasta?

Tarkoituksenani ei ole pelotella tai tuhota valmisruokien mainetta. Markkinoilla on valmisruokia jotka ovat valmistettu asiallisesti ja asiallisia raaka-aineita käyttäen, mutta näin ei yleisesti ole – valitettavasti. Syy tähän on yksinkertainen: Kustannukset. Kunnolliset raaka-aineet maksavat huomattavasti huonompia enemmän, se lienee jokaiselle selvää. Nykypäivänä ei juuri keinoja kaihdeta voitontavoittelussa, etenkään niinkin tuottoisassa ja kasvavassa bisneksessä. Raaka-aineet hankitaan sieltä mistä ne saadaan edullisimmin, selvittämättä mistä raaka-aineet ovat peräisin. Monesti valmisruokien valmistajat eivät edes tiedä mistä heidän raaka-ainetoimittajansa hankkivat omat raaka-aineensa. Lemmikkiruokien koostumusta ei testata kuten ihmisravinnon. Laki sanoo vain, että valmistajan on ilmoitettava mitä raaka-aineita he ovat käyttäneet, mutta mikään ei velvoita heitä testaamaan käyttämiään raaka-aineita.

Suurin osa valmisruokien terveystutkimuksista on valmisruokatuottajien kustantamia. Kuinka puolueeton tutkimustulos on, mikäli suuryritys kustantaa oman ruokansa tutkimisen?

Suurin osa Suomessa myytävistä valmisruoista tuotetaan jossakin muualla kuin kotimaassa. Tällöin pätevät kyseisen maan lait mm. lisä- ja säilöntäaineiden suhteen. Toki Suomessa ruoka tutkitaan ennen markkinoille laskemista, mutta kuinka tarkkaan? Valmisruoissa on lukuisia aineita joiden tiedetään yleisesti olevan myrkyllisiä, mutta se ei estä ruoan markkinoimista ja myymistä.

Maailmalla on lukuisia esimerkkejä siitä, että lemmikit ovat sairastuneet tai jopa kuolleet tiettyjä valmisruokia syötyään, mutta nämä uutiset eivät jostakin syystä löydä tietään Suomeen saakka kovinkaan usein. Sen sijaan uutiset asiasta esitetään monesti siinä maassa jossa ne ovat valmistettu tai siinä maassa jossa valmistaja toimii. Suurin osa valmistajista löytyy USA:sta. Monikaan ei tätä tiedä, koska monen koiranruokamerkin takaa löytyy jokin meille tuiki tuntematon valmistaja jonka takaa löytyy vielä jokin nimi ja niin edelleen. Hyvänä esimerkkinä tästä voisi mainita Suomessa hyvin tunnetun koiranruokamerkin: Friskies, jonka valmistaja on Nestle Purina jonka omistaa Nestle. Mikäli tietoa yrityksestä alkaa etsiä, löytää heidän internetsivunsa helposti. Siellä ei kutienkaan kerrota juuri mitään itse ruoasta, sen valmistusaineista tai -paikoista. Pelejä, suosituksia ja yrityksen itse kustantamia tutkimuksia sivuilta löytyy lukuisa määrä. Mikäli näistä yrittää kysellä lisätietoja, ei sitä juurikaan saa. Sähköposteihin ei vastata, ja jos heidän kuluttajanumeroihin soittaa, ei tarkempiin kysymyksiin saa vastauksia, vaan ympäripyöreitä selityksiä. Kokeilkaapa itse niin näette!

Vuonna 2007 USA:ssa tapahtui suurin lemmikkieläinruokien jakelukeskeytys jonka tiedän. Tällöin pyydettiin palauttamaan yli 60 miljoonaa ruokasäkkiä ja tölkkiä mahdollisimman pian, koska monia lemmikkejä oli kuollut ruoassa löytyneen myrkyn vuoksi. Suomeen tätä kyseistä erää ei tiettävästi koskaan ehtinyt myyntiin tulemaan. Tarkoituksenani ei siis ole mollata tai mustamaalata valmisruokia. Niistä löytyy varmasti hyviä valmisteita, haluan vain tuoda esiin sen tosiasian, että näiden hyvien valmisteiden löytäminen on todella vaikeaa ja vaatii suunnatonta paneutumista asiaan jos haluaa varmistaa mitä koirallensa syöttää. Parhaista yrityksistä huolimatta emme ole saaneet varmuutta kovinkaan monen Suomessa markkinoilla olevan koiranruoan valmistusaineista ja – tavoista jota Suomessa on markkinoilla.

Hyvin monille herää kysymys, miksi valmisruokia suositellaan eläinlääkäreitä myöden, jos niiden suhteen on niin paljon epäselviä seikkoja. Syy on yksinkertainen; Eläinlääketieteellisissä oppilaitoksissa ravitsemuksesta käy luennoimassa pääasiallisesti jonkin suuren valmisruokamerkin edustaja, koska valmisruokaketjut ovat niitä harvoja jotka koiran ravitsemusta ovat tutkineet tieteellisin kokein. Koiran ruokinnasta ei ole kovinkaan paljoa tutkittua tietoa. Koiraeläinten ruokinnasta sen sijaan on jonkin verran tietoa, mutta niitä käyttävät lähinnä eläintieteilijät jotka tutkivat villieläimiä. Jälleen törmäämme siis samaan kysymykseen: Onko koiran elimistö kokenut evoluution vai ei?

23

Raakaruokinnan myytit

*Raakaruokinnasta liikkuu jos
jonkinlaista myyttiä suolistotukoksista
tukehtumistapauksiin. Kuitenkaan ei
ole pystytty todistamaan
raakaruokinnan olevan sen
vaarallisempaa kuin minkään
muunkaan ruokintatavan*

Tässä luvussa paneudun yleisimpiin myytteihin mitä raakaruokinnasta
kuulee. Suurimmat myytit liittyvät varmasti suolistotukokseen, mutta
on niitä muitakin. Valitettavasti en ole löytäneet yhtään positiivista
myyttiä, kaikki keskittyvät lähinnä katastrofien ennustamiseen..

Suolistotukos on tila jossa koiran suoli tukkeutuu
vierasesineen johdosta tai liian nopeasta täyttymisestä eikä koira pysty
ulostamaan. Jollei tukosta saada auki on koiran henki uhattuna koska
tukkeuma tuo mukanaan mm. kaasuuntumista.

Suolistotukos koiralla johtuu useimmiten vierasesineestä, kuten
niellystä sukasta tai lelusta. Ilmeisesti tästä myytti raakaruokinnan
aiheuttamasta suolistotukoksesta on saanut alkunsa. Monella on
vaikeuksia uskoa, että koiran elimistö pystyy sulattamaan luita, koska
omamme kykenee siihen huonosti.

Raakaruokinnassa kuitenkin sulamattomat luunpalaset poistuvat
kehosta oksennuksena jo ennen kuin palaset siirtyisivät suolistoon.
Luunpalojen oksentamista tapahtuu monesti raakaruokintaa
aloitettaessa, kun koiran vatsa on vielä tottumaton ja toisaalta koira
nielee liian suuria luunpalasia eikä malta pureskella kunnolla. Koiran
elimistö ei siirrä sulamatonta ruokaa eteenpäin suolistoon (kuten ei
ihmisenkään) ellei tähän vaikuta jokin ulkoinen tekijä. Jos koiralle
syöttää esimerkiksi kuivamuonaa ja lihaisia luita, luo tämä riskin.

Kuivamuona on nopeasti sulavaa, luut hitaasti sulavaa ravintoa. Jos luita on syötetty vaikka 6 tuntia ennen kuivamuona-ateriaa, saattaa vatsanpohjalla olla vielä sulamattomia luita, jotka koira oksentaisi kun kaikki muu, jo sulatettu massa vatsalaukusta on siirtynyt eteenpäin suoleen. Jos kuitenkin tässä vaiheessa syötetään kuivamuonaa, voivat luunpalaset siirtyä kuivamuonamassan joukossa suoleen ja aiheuttaa tukoksen. Tästä syystä on turvallisempaa syöttää joko teollisesti valmistettua koiranruokaa tai raakaravintoa. Jos haluaa välttämättä syöttää molempia, tulisi näiden aterioiden välillä olla vähintään 12 tuntia, mielellään enemmän.

Suolistotukoksia ei kuitenkaan ole sattunut sen enempää raakaravintoa syöville kuin teollista koiranmuonaa syövillekään. Molemmat ruokintatavat voivat aiheuttaa tukoksen jos olosuhteet tukokselle ovat otolliset.

Jos kuitenkin epäilee oman koiransa saaneen suolistotukoksen, on vanhana hyväksi koettuna keinona parafiiniöljyn syöttäminen koiralle. Vaikka suolistotukos on vakava ja vaarallinen, se ei ole akuutti mikäli se huomataan ajoissa. Mitä tahansa ruokintatapaa aloitettaessa tulisi koiran ulostamista ja ulosteita tarkkailla!

Tukehtuminen on toiseksi pelätyin myytti raakaruokinnassa ja tämä onkin mielestäni todellisempi uhka kuin tukos.

Moni koira on perso ruoalle, tämä on hyvin tunnettu fakta. Monelle kuitenkin tulee yllätyksenä se, että koira joka tähän mennessä on syönyt kuivamuonansa kaikessa rauhassa, ei raakaruokaa saadessaan malttaisi pureskella ollenkaan, vaan pyrkii nielemään kaiken kokonaisena! Syy tämänkaltaiselle käytökselle on hyvin ilmiselvä, jos asiaa miettii hieman tarkemmin. Kuvittele ihminen joka on koko ikänsä saanut pääasiallisesti mikroaterioita. Hän on siis joskus saanut maistaa siivun vaikka tuoreita hedelmiä ja vihanneksia, ehkä palasen verran suklaata joskus, mutta muutoin ravinto on koostunut pelkästään mikroaterioiden puolivalmisteista. Sitten eräänä päivänä hänen eteensä kannetaankin lautasellinen tuoreita vihanneksia, hedelmiä, ihanan herkullinen gourmet pihvi tuoreesta lihasta sekä jälkiruoaksi suklaalevyllinen.... Into jolla tämä henkilö söisi kyseisen aterian, olisi varmasti jotain muuta kuin into, jolla hän on siihen mennessä syönyt mikroaterioitaan.

Koirat tietävät ruoan hajun perusteella onko kyseessä raakaa vai teollisesti valmistettua ruokaa. Suurin osa koirista rakastaa raakaa ruokaa, vaikka tässäkin on poikkeustapauksia jotka vahvistavat säännön. On koiria jotka eivät yksinkertaisesti suostu syömään mitään raakaa tai jotka kieltäytyvät syömästä jotakin tiettyä eläintä.

Edellä mainitusta syystä kannattaa siis aluksi tarjota ruoka valvonnan alla. Lihaisat luut voidaan tarjota joko kädestä, jäisenä tai niin suurina palasina ettei koira yksinkertaisesta pysty nielemään palaa kerralla, koska se ei mahdu suuhun kokonaan. Suurin osa aloittaa lihaisten luiden syöttämisen kanansiivistä. Tällöin voi ottaa siiven käteensä siten, että siitä näkyy vain pieni osa, jolloin koiran on pakko purra palanen siivestä, mikäli mielii syödä sitä ollenkaan. Suurinta osaa ihmisistä iljettää ottaa raaka kanansiipi tai muu luu käteensä, mutta tätä varten voi käteensä sujauttaa ensin vaikka kumihanskan!

Kanansiivet ovat kuitenkin siitä turvallisemmasta päästä, vaikka koira nielisi sen kokonaisena, koska luut ovat sen verran pehmeitä. Mainittakoon tästä esimerkkinä puolivuotias ranskanbulldoggi joka pääsi yllättämään omistajansa riuhtaisemalla siivestä niin lujaa että omistajan ote lipesi. Ranskanbulldoggi juoksi kiireen vilkkaan toiseen huoneeseen ja nielaisi siiven kokonaisena. Omistajan huoli oli suuri, olihan siipi sentään todella suuren kokoinen pieneen koiraan verrattuna. Huoli oli kuitenkin turha: Kanansiiven luut ovat sen verran pehmeitä, että sulavat kohtalaisen helposti. Vaikka siipi oli suuri verrattuna koiraan, pystyi se nielemään ja sulattamaan siiven moitteetta. Se ei oksentanut, sillä ei ollut vaikeuksia ulostamisen tai minkään muunkaan kanssa.

Jos kyseessä olisi ollut jokin kovempi luu, kuten palanen possun jalkaluusta, olisi koira todennäköisesti oksentanut palasen ja sitten syönyt sen uudelleen pureskellen, elleivät omistajat olisi napanneet palasta pois ennen kuin koira ehtii syömään sen uudelleen. Suurin osa koirista oppii kerrasta, että ruoka on syytä pureskella, tai muuten se tulee oksennuksen mukana takaisin ylös.

Vaikka ruoan hotkiminen ei jokin kovempi luu, kuten palanen possun jalkaluusta, olisi koira todennäköisesti oksentanut palasen ja sitten syönyt sen uudelleen pureskellen, elleivät omistajat olisi napanneet palasta pois ennen kuin koira ehtii syömään sen uudelleen. Suurin osa koirista oppii kerrasta, että ruoka on syytä pureskella, tai muuten se tulee oksennuksen mukana takaisin ylös.

Vaikka raakaruoan hotkiminen ei yleensä ole kovin vaarallista, suosittelisin silti jokaista raakaruokintaa aloittavan ensin tarkkailemaan koiran ruokailua ja estämään hotkimisen. Jos on todella ahne koira kyseessä, joka meinaa viedä sormet mennessään jos syöttää kädestä, voi antaa niin suuria ja jäisiä palasia ettei koira pysty ahmimaan niitä. Toinen tapa on tietysti opettaa koira siihen, ettei se pure käsiä syödessään...

Verenhimon herääminen on myös vanha uskomus

joka elää tietyissä yhteisöissä hyvinkin voimakkaana. Tämän teorian mukaan, jos koiralle syötetään raakaa lihaa, se pääsee veren makuun ja alkaa täten myös himoita verta, käyden lopuksi jopa ihmisten kimppuun verta saadakseen. Tämä on yksi hulluimmista myyteistä jonka olen kuullut, mutta tietyt ihmiset uskovat tähän kuin kiveen. Väite on kuitenkin yhtä tuulesta temmattu kuin se, että ihmisestä tulisi verenhimoinen jos hän syö mediumiksi paistetun pihvin. Koiran mielestä veri saattaa maistua hyvältä, kuten joidenkin ihmisten mielestä, mutta se ei tee siitä yhtään sen verenhimoisempaa kuin kuivamuonalla elävän lajitoverinsa. Muutenhan saisimme lukea iltapäivälehdistä joka päivä lukuisista koirahyökkäyksistä, koska raakaravinnon suosioita on yhä enemmän. Ja miten olisi käynyt metsästäjien koirien? Niidenhän vasta verenhimoisia pitäisikin olla!

Mikrobit ja loiset, bakteerit ja virukset ja niiden

aiheuttamat sairaudet ovat monen huolenaiheena ja niistä on kehitetty monta myyttiä jotka liitetään raakaravintoon.

Totuus on kuitenkin se, että koiran suolisto on aivan liian lyhyt jotta esimerkiksi salmonellabakteeri ehtisi vaikuttaa koiraan mitenkään saatikka saada koiraa sairastumaan siihen. Salmonellan itämisaika on sen verran pitkä, ettei se yksinkertaisesti ehdi koiran elimistössä saada aikaiseksi mitään. Ihmiskehossa sen sijaan se ehtii saada ihmeitä aikaan.

Tästä syystä jokaisen raakaravintoa syöttävän tulee olla tarkka siitä, ettei sekoita välineitä ja alustoja jolla koiranruokia käsitellään ihmisten ruuanvalmistuksessa käytettäviin. Suomessa raakapakasteiden käsittelyä koskeva lainsäädäntö on tiukka, joten kovin suurta riskiä bakteerien ja virusten osalta ei ole. Esimerkiksi sairaiden eläinten lihoja ja luita ei saa sellaisenaan myydä eteenpäin. Eläinruhot pitää joko hävittää tai viedä käsittelylaitokselle ja tässä tuleekin esille mielenkiintoinen tiedonmurunen. Käsittelylaitokset käsittelevät siis hävitettyjä ja/tai pilaantuneita eläintenruhoja ja tekevät niistä liha- ja luujauhoja jota käytetään rehuteollisuudessa. Rehuteollisuus käyttää näitä jauhoja eläinrehujen valmistuksessa joihin myös koirien teollisesti valmistetut (niin tölkki- kuin kuivamuonat) ruoat kuuluvat...

Tästä syystä siis raakapakastetuotteiden tulisi olla ihmisravinnoksi kelpaavia. Ainut ero on lihojen ja luiden kuljetusmääräyksissä. Eläimille tarkoitettujen raakapakasteiden kuljetusmääräykset eivät ole yhtä tiukat kuin ihmisravinnoksi tarkoitettujen.

Mikrobeja, viruksia, bakteereja ja loisia voi siis olla raakaravinnossa, mutta ei yhtään sen useammin kuin ihmisravinnossakaan ja se on harvinaista. Erona on lähinnä se, että ihmisravinto yleensä kypsennetään jolloin suurin osa edellä mainituista tuhoutuu. Vaikka raakaravinnon syöttämisessä ei juuri riskejä ole, on nämä asiat hyvä ottaa huomioon seuraavilla tavoilla:

- Älä säilytä koirille tarkoitettua raakaravintoa ihmisravinnon läheisyydessä siten, että ruoka-aineet pääsevät kosketuksiin keskenään. Tämä tarkoittaa siis sitä, että molempien ruokia voi säilyttää samassa jääkaapissa tai pakastimessa, mutta tuotteiden ei tulisi päästä koskemaan toisiinsa (esim. ihmiselle tarkoitettua pihviä ei kannata laittaa koiralle tarkoitetun lihaisan luun päälle lepäämään lautaselle)
- Älä käytä samoja välineitä puhdistamatta niitä huolellisesti, valmistaessasi aterioita ihmisille ja koirille
- Vahdi etteivät pienet lapset koske koirille tarkoitettuja raakapakasteita ja/tai koirien ruokailuastioita/-alustoja ja sitten laita sormia esim. suuhun tai hiero silmiään ennen käsien pesemistä.
- Raskaana olevien ja imettävien naisten tai toipilaana olevien, tulee olla huolellisia oman käsihygieniansa kanssa käsiteltäessä raakaravintoa. Tässä kumihanskat ovat verraton apu!
- Puhdista koirien ruokailuastiat/-alustat huolellisesti

Miten aloittaa?

*Moni haluaisi aloittaa
raakaruokinnan, mutta eivät oikein
tiedä miten sen tekisivät. Suurin osa
ihmisistä olettaa, että
raakaruokinnasta selvitäkseen pitäisi
olla jonkinlainen ravintotieteiden
maisteri. Tämä ei pidä paikkansa
alkuunkaan.*

On toki totta, että on hyvä tietää koiran ravintotarpeista ennen kuin aloittaa omatoimiset kokeilut, mutta se ei tarkoita sitä, että tarvitsisi olla asiantuntija. Raakaravinnon syöttäminen koiralle on yhtä helppoa tai vaikeaa kuin ruoanlaitto ihmisille.

Pääsääntönä on, että suurin osa (60–70%) ravinnosta koostuu lihaisista luista ja loput lihasta, sisäelimistä, kalasta ja kasviksista. Vastaava malli ihmisille; puolet koostuu kasviksista, loput lihoista ja kalasta sekä hiilihydraattipitoisesta ruoasta. Sen vaikeampaa se ei käytännössä ole kun käsittelemme aikuisen koiran ruokavaliosta.

"Kuinka paljon?" on kysymys jonka kuulee hyvin usein. Ihmiset ovat tottuneet siihen että pussin kyljessä kerrotaan kuinka monta desiä ravintoa pitää tietyn painoiselle koiralle antaa. Tällaista taulukkoa ei raakapakasteiden pakkausten kyljessä yleensä ole – poikkeuksena jotkin valmisseokset.

Pääsääntönä voidaan pitää, että ruokamäärän tulisi vastata koiran ikää ja aktiviteettia. Mitä nuorempi ja aktiivisempi koira, sen enemmän se tarvitsee ravintoa pitääkseen nykyisen painonsa. Kuitenkin tämä on kovin yksilöllistä, kuten ihmisilläkin.

Karkea arvio on kuitenkin se, että koiran tulisi saada 1-5 % omasta painostaan ruokaa päivässä. Kääpiörodut tarvitsevat suhteessa enemmän ravintoa kuin jättirodut.
,
Tämä tarkoittaa siis sitä, että 1kg painavan koiran tulisi saada 10 – 50g raakaravintoa päivässä, mutta todennäköisimmin lähemmäs 50g kuin 10g. Vastaavasti 100kg painavan koiran tulisi saada 1 – 5kg raakaravintoa päivässä, josta 1kg on todennäköisesti lähempänä oikeaa määrää kuin 5kg.

Aivan alussa lienee helpointa valita näiden ääripäiden keskiarvo, eli noin 2,5 %

"Paljonko mitäkin?" on yleensä seuraava kysymys. Tämäkin on yksilöllistä, mutta keskiarvoista on turvallista aloittaa. Jos siis oletamme että aloitamme syöttämällä koiralle 2,5 % raakaravintoa koiran kokonaispainosta, tiedämme, että tästä määrästä meidän pitäisi syöttää lihaisia luita 60–70% ja loput 40–30% pitäisi koostua lihasta, sisäelimistä ja kasviksista. Tämän lisäksi kasvismössön osuus pitäisi olla suhteessa kaikista pienin, eli 10–20%. lihaisista luista ylijäävästä osasta.

Koiran paino * 0,025 = Ruokamäärä
Ruokamäärä * 0,65 = Luut
(Luut * 0,35) * 0,15 = Kasvikset
(Luut * 0,35) – Kasvikset = Lihat, sisäelimet ja kala

Jotta asia ei olisi liian hankalasti ilmaistu, tässä taulukko joka kuvaa paljonko mitäkin koiran pitäisi keskimääräisesti saada verrattuna omaan painoonsa. Luvut on pyöristetty lähimpään grammaan.

Koiran paino (kg)	Ruoka-määrä / vrk (g)	Lihaisia luita (g)	Lihaa, sisäelimiä ja kalaa (g)	Kasvis-mössöä (g)
2	50	33	10	2
3	75	49	15	3
4	100	65	19	3
5	125	81	24	4
6	150	98	29	5
7	175	114	34	6
8	200	130	39	7
9	225	146	44	8
10	250	163	48	9
20	500	325	97	17
30	750	488	145	26
40	1000	650	193	34
50	1250	813	242	43
60	1500	975	290	51
70	1750	1138	338	60
80	2000	1300	387	68
90	2250	1463	435	77
100	2500	1625	483	85

Taulukosta selviää siis keskimääräiset arvot. Niillä on kohtalaisen turvallista aloittaa, mutta sen jälkeen pitää oman koiraansa vointia ja olemusta tarkkailla. Tärkeimmät asiat jota tarkkailla alussa ovat:
* Pysyykö paino samana kuin ennen?
* Sen jälkeen kun koiran elimistö on tottunut uuteen ruokavalioonsa, ovatko ulosteet kovahkot, mutta eivät niin kovat että koiralla olisi vaikeuksia ulostaa?
Jos paino pysyy ennallaan ja ulosteet ovat edellä mainitun kaltaiset, on ruokavalio kohdallaan sekä määrällisesti että laadullisesti.

Alkuhankaluudet ruokavaliota vaihdettaessa ovat tavallisia, kuten missä tahansa ruokavalionmuutoksessa, mutta yleensä kohtalaisen lyhytkestoisia, riippuen myös siitä miten siirtymä tehdään. Monet haluavat siirtyä raakaruokintaan hiljalleen, lisäämällä ensin ruokavalioon lihoja, sitten sisäelimiä ja kaloja ja viimeiseksi lihaisat luut. Tässä piilee kuitenkin oma problematiikkansa. Jos koira syö kuivamuonaa tai tölkkiruokaa, on se ravintoarvoiltaan tasapainotettua, mutta syötettäessä osittain jotain muuta, tuo tasapaino järkkyy. Tämä ei ole kovinkaan merkittävä ongelma aikuisilla koirilla, mutta jatkuessaan pitkään se ei ole hyväksi. Suurin epätasapaino syntyy kalsium-fosfori suhteesta. Vaikka koira siirrettäisiin kertaheitolla raakaravinnolle, ei kalsium-fosfori tasapaino toteudu ilman, että ruokavaliosta vähintään 60 % on lihaisia luita.

Tästä syystä, jos halutaan siirtyä raakaravintoon vaiheittain, se pitäisi aloittaa lihaisilla luilla. Tällöin on mahdollista että epätasapaino syntyy, mutta se ei ole yhtä suuri eikä synny yhtä nopeasti. Huomioitavaa kutienkin on, että valmisruokien ja lihaisten luuaterioiden välillä on pidettävä vähintään 12 tuntia! Tämä johtuu siitä, että valmisruoat sulavat huomattavasti nopeammin kuin lihaisat luut. Ellei edellinen ruoka-annos ole siirtynyt eteenpäin elimistössä on mahdollista että ongelmia esiintyy. Tavallisin oire tästä on se, että koira joko oksentaa ruokansa tai vatsa menee löysälle.

Syötettäessä lihaisia luita on myös alussa kohtalaisen tavallista, että koira oksentaa luunpalasia. Tämä ei ole vaarallista ja se johtuu siitä, että elimistö on tottunut sulattamaan ruoan nopeasti. Kun vatsalaukussa on tietyn ajan jälkeen (yleensä noin 8-12h) edelleen sulamatonta materiaalia, tulee se oksennuksena ulos, koska sitä ei voida siirtää eteenpäin suolistoon.

Oksentelujen pitäisi alkaa vähentymään nopeasti ja hävitä kokonaan muutamassa viikossa, mikäli koira on siirretty täysin raakaravinnolle kertaheitolla. Mikäli kuitenkin on päätetty siirtyä hiljalleen valmisruoasta raakaravintoon ja päätetty aloittaa lihaisista luista, voi oksentelua esiintyä pidempään, koska elimistö saa vuorotellen todella helposti sulavaa ravintoa ja hitaasti sulavaa ravintoa.

Toinen harvinaisempi mutta silti kohtalaisen yleinen oire alussa on ripuli. Monesti ripuli johtuu siitä, että koiran suoliston bakteerifloora ei ole ollut kunnossa. Saadessaan terveellisiä bakteereita ja entsyymejä vatsalaukkuun ja suolistoon, keho aloittaa puhdistusprosessin. Tämän prosessin kesto riippuu todella paljon koirasta ja siitä, kauanko koira on syönyt valmisruokia sekä siitä minkä laatuista ruoka on ollut. Ripulin pitäisi rauhoittua viikossa, mutta uloste saattaa olla edelleen löysähköä jopa kuukauden verran, mikäli keho on kerännyt itseensä paljon kuona-aineita.

Suolisto-oireet eivät ole ainoat oireet mitkä voivat liittyä puhdistumisprosessiin. Koira voi saada ihonalaisia rasvapatteja, korvat voivat töhniä, hengitys haista, turkki olla rasvainen jne. mutta nämä oireet häviävät ajan mittaan kun keho on saanut haluamansa kuona-aineet poistettua.

Oman lukunsa muodostavat koirat jotka eivät yksinkertaisesti suostu syömään mitään raakaa. Tämä johtuu useimmiten ennakkoluuloista, tottumattomuudesta, kuten ihmisilläkin! Tässä kohdin on oltava hieman kekseliäs ja käytettävä ns. maalaisjärkeä.

Yleisimmät ruoka-aineet

*Valtaosa Suomessa myytävistä
raakapakasteista koostuvat
broilerista, siasta, naudasta ja lohesta.
Muita kohtalaisen yleisiä tuotteita
saadaan kalkkunasta, porosta,
lampaista ja hevosista. Näiden lisäksi
on kausiluontoisesti tarjolla muitakin
lihoja ja luita, mutta niihin ei törmää
yhtä usein. Seuraavassa on esitelty
yleisimpiä ruoka-aineita ja niiden eri
muotoja.*

Broileri

Broileri on yksi raakaravinnon perusaineksista. Kananliha ja -luut ovat
hyvin siedettyjä, pehmeitä ja helposti sulavia, kunhan ovat raakoja..
Tästä syystä kaikkia broilerinosia voidaan ottaa heti alussa mukaan
ruokavalioon, vaikka koira ei olisi vielä niin tottunut sulattamaan lihaa
tai luita. Yleisimmät kana-ainekset ovat siivet, kaulat, selkärangat,
jauheliha, sydämet sekä kivipiira.

Kalkkuna

Yleisimmin tarjolla on kalkkunansiipiä ja kalkkunamassaa.
Kanansiipiin verrattuna kalkkunansiivet ovat aika suuria. Yksi siipi
painaa noin 400-600g. Tästä huolimatta siipien luut ovat kohtalaisen
pehmeitä ja samoin kuin kanasiivet, hyvin siedettyjä.

Sika

Sianliha, -sisäelimet ja -luut kuuluvat kanan tapaan raakaravinnon perusaineksiin. Yleisesti ottaen sianliha ja – sisäelimet ovat hyvin siedettyjä. Sianluista kylkiluut ovat pehmeimpiä ja siten myös helposti sulavia. Tästä syystä sian kylkipala on keskikokoisille ja suurille koirille oiva lihainen luuateria.

Siansorkat ovat monesti tottumattomalle pureskelijalle haastavia, mutta oivia harjoituskappaleita koska ne ovat sitkeitä mutta pehmeitä. Sorkat ovat myös ehdottoman hyviä lihaisia luuaterioita käytettäväksi, eivätkä ne sotke samalla tavalla kun muut luut

Muita siasta saatavia ja käytettyjä luita ovat selkärangat sekä muut luut. Selkärangat ovat erityisen hyviä nivelvaivoista kärsiville koirille, sillä ne sisältävät niveliä voitelevia aineita joita koirat pystyvät hyödyntämään suoraan ravinnostaan.

Sianlihaa, sian lihaista rasvaa jossa on noin 70 % rasvaa ja 30 % lihaa sekä sisäelimiä käytetään yleisesti; Maksaa, sydämiä, ja sisäelinseoksia. Sian haimaa käytetään eritoten haiman vajaatoiminnasta kärsiville. Liha on yleensä jauhettua, mutta palalihaakin myydään. Maksaa ja sydämiä saa niin ikään joko jauhettuna tai kokonaisena. Monesta paikasta saa ostaa myös sian kurkkutorvia jauhettuna.

Nauta

Naudanliha, sisäelimet, naudanmaha, rustot ja luut kuuluvat raakaruokinnan perusaineksiin myös, mutta nauta on kaikista näistä aineksista allergisoivin. Tästä syystä nautatuotteet tulisi lisätä viimeisenä ruokavalioon, etenkin jos koiralla on tai on ollut allergioita tai ruoansulatusongelmia aiemmin.

Naudanluut ovat myös haastavimpia luita eikä suurin osa koirista pysty kaikkia niitä hyödyntämään. Esimerkiksi naudan potkaluut ovat lähinnä hampaidenputsausta ja ajanvietettä varten. Naudan luita ei suuren kokonsa vuoksi käytetä niin paljon koiran ravintona, mutta naudan rustoja sitäkin enemmän. Rustot ja rustoluut ovat yleensä leikattuna palasiksi, joten niitä saa erikokoisina. Rustot sulavat kohtalaisen helposti, rustoluut hieman huonommin, mutta kuitenkin helpommin kuin varsinaiset luut. Tästä syystä moni aloittaa rustoilla ennen kuin siirtyy varsinaisiin luihin.

Naudan sisäelimistä naudanmaha, eli pötsi, on varmasti suosituin ja käytetyin raaka-aine, myös niiden keskuudessa jotka syöttävät pääasiallisesti valmisruokia. Naudanmaha sisältää hyödyllisiä entsyymejä jotka edesauttavat ruoansulatusta. Naudanmaha on myös erinomainen ravintoaine laihoille, imettäville ja kovassa rasituksessa oleville koirille, sillä se sisältää runsaasti helposti hyödynnettävää energiaa. Pötsiä myydään sekä pestynä että pesemättömänä. Pesemätön pötsi on tummempaa ja sisältää enemmän hyödyllisiä aineita kuin pesty, mutta se myös haisee todella voimakkaasti.

Näiden lisäksi tarjolla on sisäelimiä, yleensä jauhettua, mutta joistakin paikoista saattaa löytyä kokonaisia sydämiä ja maksoja.

Lohi ja muut kalat

Lohta on tarjolla suurimmassa osassa raakaravintoliikkeitä ja se on erinomainen rasvahappolähde koirille. Lohi on yleensä kokonaisena jauhettua, eli mukana on niin liha, luut kuin nahkakin. Moni pääasiallisesti valmisruokia syöttävä käyttää lohta tai lohiöljyä rasvahappolähteenä.

Muita kaloja on yhtä suositeltavaa syöttää koirille. Kalat voidaan syöttää joko kokonaisena, perattuna, palasina tai jauhettuna. Poikkeuksen tähän tekee suomalaisista kaloista ahven, jolla on piikikäs selkäevä. Se tulee poistaa ennen kokonaisen kalan antamista koiralle, sillä muutoin se saattaa juuttua kurkkuun.

Muut lihat ja luut

Muita lihoja ja luita saadaan oikeastaan mistä tahansa eläimestä joita ihmiset kasvattavat tai metsästävät. Esimerkiksi hevonen, poro, lammas, hirvi, jänis, biisoni, strutsi... Listaa voisi jatkaa vielä pitkälle. Kaikkia näitä voi käyttää osana raakaruokintaa joko säännöllisesti tai saatavuuden mukaan.

Luku

8

Allergiat

*Monien koirien vitsauksena tänä
päivänä ovat erilaiset allergiat tai
ainakin allergiset oireet.*

Yllättävän monessa tapauksessa oireet kutienkin häviävät kun koira
siirretään raakaravinnolle, mikä ei tietenkään olisi mahdollista lainkaan
jos ongelmana alun perin olisi ollut oikea allergia esimerkiksi nautaa
kohtaan. Yleensä kyse onkin siitä, että keho saa niin paljon erilaisia
kemikaaleja ja sille sopimattomia aineita, että se alkaa puolustautua
melkein kaikkia allergeeneja sisältäviä ruokia vastaan jolloin tuloksena
ovat moninaiset allergiset oireet, riippumatta siitä onko koira oikeasti
allerginen.

En halua tässä kirjassa korvata tai kumota lääkärien diagnooseja, mutta
haluan tuoda esille tämän asian, koska niin moni koira on kokenut
allergisten oireiden kierteen. Moni on saanut lääkäriltä diagnoosiksi
pitkän listan eri ruoka-aineallergioita jotka ovat mystisesti kadonneet
kun koira on siirretty raakaravinnolle ja tietyt ruoka-aineet, joita ei
ollut allergiaa aiheuttavien aineiden listalla, ovat poistettu ruokavaliosta
kokonaan. Toisaalta, on niitäkin tapauksia jossa allergia on todella
ollut allergia, eikä siitä ole päästy eroon.

Miten tällainen ihmeparaneminen on mahdollista? Onko sille
lääketieteellistä selitystä? Kyllä, asia voidaan selittää myös
lääketieteellisesti ja yritän tässä kirjassa selittää asian kansantajuisesti.

Allergia syntyy kun kehon puolustusjärjestelmä reagoi ympäristön
sinänsä harmittomia aineita eli allergeeneja kohtaan. Allergiset reaktiot
voivat vaihdella suuresti ihottumasta ja kutinasta aina
hengitystietukoksiin asti ja reaktio voi tapahtua joko nopeasti tai
hitaasti kehon altistuessa jollekin aineelle. Koirilla ruoka-aineallergiat
liitetään yleensä erilaisiin hitaasti tai nopeasti esiintyviin iho- ja
suolisto-oireisiin, monesti liian herkästi, koska näiden oireiden

41

taustalla voi olla lukuisia eri syitä. Mm. ajan henki ja trendit vaikuttavat valitettavasti myös eläinlääkärien diagnooseihin…

Varmasti tyypillisin esimerkki allergiaksi diagnosoidusta oireesta on kutina ja sen myötä ihon ärtyminen ja karvanlähtö. Tällaiset oireet voivat kuitenkin johtua hyvin monesti muustakin syystä kuin allergiasta. Useimmiten syy löytyy suolistosta.

Suolisto, niin koiran kuin ihmisen, toimii ravintoaineiden kerääjänä sekä bakteerien ja virusten torjujana. Suoliston tehtävä on kerätä hyödylliset aineet ja vastustaa haitallisia bakteereja ja viruksia, kuitenkaan unohtamatta hyödyllisiä bakteereja joita suolisto kantaa sisällään myös sisältää.

Mikäli suoliston seinämät eivät pääse toimimaan moitteetta, syntyy hyvin herkästi epätasapaino hyödyllisten ja haitallisten bakteerien välillä, jolloin suoliston seinämät eivät enää pysty toimimaan tehokkaasti. Haitalliset bakteerit alkavat nimittäin tuhoamaan ja tukkimaan suoliston seinämiä, ja toiminta järkkyy. Yleensä tämä tapahtuu pitkällä aikavälillä ja syitä tähän on monia. Eräiden tutkimusten mukaan suurin yksittäinen vaikuttava ainesosa on gluteeni, mutta siitä on kerrottu enemmän edempänä..

Kun suoliston toiminta järkkyy, aktivoituu kehon puolustusjärjestelmä, joka alkaa taistella haitallisia bakteereja vastaan. Tämän tilan jatkuessa pitkään, saattaa keho "yliherkistyä" ja alkaa taistella myös sinänsä harmittomia aineita vastaan joita ovat mm. allergeenit. Tällöin keho on ikään kuin muuttunut allergiseksi ja jos tässä tilassa olevalle koiralle (tai ihmiselle) tehdään allergiatesti, se näyttää varmasti positiivista, koska keho reagoi kyseiseen aineeseen kehittämällä vasta-aineita.

Tästä syystä lääketieteellinen diagnoosi on täysin oikein, mutta syytä ei saada poistettua poistamalla tuo tietty ruoka-aine, koska se ei ollut vaivan alkuperäinen aiheuttaja! Onko vika sitten lääkäreissä? Ei mielestämme, mutta edellä mainittu skenaario otetaan liian harvoin huomioon. Onneksi tämä voidaan helposti kotikonstein testata eliminaatiodieetillä, mikäli omistajalla on kärsivällisyyttä.

Toinen allergisten oireiden aiheuttama seikka on ravinneainepuutokset. Suolen seinämien ollessa tukossa tai vaurioitunut, ei suoli myöskään pysty keräämään eikä tuottamaan, välttämättömiä ravintoaineita. Ihmisen ja koiran suolisto eroaa merkittävästi siten, että koiran suolisto pystyy itse tuottamaan suurimman osan tarvitsemistaan vitamiineista, kun ihmisen on saatava ne ravinnostaan. Tästä syystä koiran vitamiinitasapaino järkkyy erityisen paljon kun suolisto ei toimi kunnolla ja samaisesta syystä lisäravinteista on näiden oireiden hoidossa huomattavaa hyötyä. Syytä tähän tilaan ne eivät kutienkaan kuitenkaan poista.

Miksi sitten vain allergisoivien aineiden poisjättäminen ruokavaliosta ja lisäravinteiden lisääminen ruokavalioon ei ole hyvä ratkaisu? Eikö se olisi paljon nopeampi ja varmempi keino saada asiat kuntoon?

Varmasti näillä konsteilla saadaan muutos parempaan päin väliaikaisesti, mutta yllämainitut toimet eivät poista tai edes helpota syytä miksi alun perin on joduttu tilanteeseen jossa keho puolustautuu turhaan eikä pysty keräämään tai tuottamaan itselleen välttämättömiä ravintoaineita. Tällöin ruokavalion kaventaminen (eli allergeeneja sisältävien aineiden poistaminen) vain pahentaa tilannetta entisestään, samoin kuin antibiootti- ja kortisonikuurit joita näihin oireisiin niin monesti määrätään. Antibiootit nimittäin tuhoavat yhtälailla kehon tasapainoa ylläpitävää hyödyllistä kuin tasapainoa järkyttävää haitallista bakteeriflooraa jolloin jo ennestään heikko hyödyllinen bakteerifloora muuttuu vielä heikommaksi.

Ihon toiminta on tärkeä osatekijä jos haluaa ymmärtää paremmin iho-oireita ja niiden syntyä. Koiran keho rakentuu ruoan valkuaisen aminohapoista. Parhaiten koiran keho pystyy hyödyntämään eläinperäistä valkuaista, siitä kaikki (myös valmisruokia valmistavat yritykset) ovat yhtä mieltä. Mitä enemmän raakavalkuaislähteitä koiralla on saatavissa, sen paremmin koiran keho niitä pystyy hyödyntämään koska ne poikkeavat toisistaan hitusen verran.

Jos kuvitellaan koira, jonka eläinperäiselle allergialistalle on kertynyt kana, sika, lohi, kalkkuna, poro, lammas ja hirvi, voimme heti alkuun todeta että valkuaislähteet ovat vähissä. Jäljelle on jäänyt lähinnä nauta, joka on jo itsessään hieman kummastusta herättävä asia, koska nauta on eläinperäisistä tuotteista toiseksi allergisoivin kananmunan jälkeen! Tällaiselle koiralle moni ravitsemukseen perehtynyt alkaisi varmasti etsiä valkuaislähteitä kasvikunnan tuotteista. Tämä ei kuitenkaan auta tilannetta, sillä koiran on hyvin vaikeaa, ellei mahdotonta, rakentaa omia aminohappojaan näistä.

Koiran keho on kykenevä valmistamaan osan aminohapoistaan itse, mutta osan on tultava ravinnosta. Jos tilanne on kutienkin nyt se, että

43

suoliston toiminta on pahasti järkkynyt, ei koira siis pysty tuottamaan eikä keräämään näitä tärkeitä aineita mitenkään. On selvää että keho, tässä tapauksessa erityisesti iho, alkaa oireilla, koska aineet ovat elintärkeitä ihon toiminnalle.

Yleisin oireilu on tai johtaa (mm. kutinan ja siitä aiheutuneen raapimisen vuoksi) ihotulehdukseen. Ihotulehdus vuorostaan aiheuttaa alttiuden bakteeri- ja virushyökkäyksille ulkoa päin ja kuormittaa siis vastustuskykyä entisestään. Kehon on kehitettävä yhä enemmän ja enemmän vasta-aineita. Kierre on valmis.

Hyvän vastustuskyvyn ylläpitämiseksi koira tarvitsee oikean tasapainon vitamiinien, mineraalien ja määrättyjen rasvahappojen suhteen. Tämän tasapainon koiran keho saavuttaa helposti, mikäli ravinto koostuu vähintään kolmen eri eläinlajin lihoista ja luista oikeassa suhteessa ja suolisto toimii kuten pitää.

Hyvin moni mm. kuivamuonan valmistajista väittää, että heidän ruokansa sisältää kaikki nämä aineet tasapainoisessa suhteessa toisiinsa. Tämä on todennäköisesti aivan totta siinä vaiheessa kun tuote on juuri valmistettu ja tehtaan varastossa. Se ei kuitenkaan ole enää totta edes viikon kuluttua, sillä moni vitamiini tuhoutuu varastoitaessa pitkään. Tähän ratkaisuksi on kehitetty erilaiset säilöntä- ja sidosaineet jotka ovat keholle pahasta, niin koirille kuin ihmisillekin, osittain niiden kemiallisen koostumuksen vuoksi, osittain niiden allergisoivien ominaisuuksien vuoksi. Monella kemiallisesti valmistetulla aineella on lisäksi taipumus varastoitua kehoon, mm. maksaan ja häiritä ajan mittaan sen toimintaa.

Solujen toiminta on kehon ja ihon toiminnan perusta. Soluille viisi tärkeintä ainetta ovat tärkeysjärjestyksessä: Vesi, raakavalkuainen, hiilihydraatit, mineraalit (kivennäiset) sekä vitamiinit.

Vesi on tärkein ainesosa, koska koko keho toimii veden avulla, välittäen aineita paikasta toiseen sen avulla. Toiseksi tärkeimpänä tulee raakavalkuainen, jota pilkkomalla kehoon vapautuu aminohappoja. Eläinperäisen valkuaisen aminohapot ovat paljon lähempänä koiran itse tuottamia aminohappoja ja täten paljon helpommin koiran hyödynnettävissä. Tässä on yksi syy monista, miksi koiran ravinnon tulisi ehdottomasti perustua eläinperäisille tuotteille kasvisten sijasta.

Raakavalkuaista tarvitaan siis kudosten rakentamiseen ja korjaamiseen (myös siis suoliston kudosten) ja ne auttavat ehkäisemään tulehduksia.

Elimistö voi hätätapauksessa käyttää valkuaista myös energianlähteenä, mutta se ei sitä tee mikäli rasvaa ja hiilihydraatteja on tarpeeksi.

Hiilihydraatteja koiran keho käyttää ensisijaisena energianlähteenä koska ne ovat helposti sulavia. Hiilihydraattilähteitä on kolme, josta koira pystyy hyödyntämään vain yhtä kunnolla; Sokerit, tärkkelys ja kuitu, joista sokerit ovat ainut tehokkaasti hyödynnettävä hiilihydraattiryhmä. Tärkkelys vaatii liian pitkän sulatusajan verrattuna koiran lyhyeen suolistoon ja kuidut vielä pidemmän sulatusajan, eli ne eivät käytännössä sula lainkaan koiran elimistössä. Kuitujen tehtävä onkin vain kuljettaa ravintosulaa kehon läpi, eli kuidut eivät ole millään lailla välttämättömiä koiralle.

Vitamiinien tehtävä on tavallaan järjestää ja osittain sitoa muut aineet omille paikoilleen kehossa. Ylivoimaisesti suurin osa vitamiineista imeytyy koiran ravinnosta, sen keho pystyy tuottamaan häviävän pienen osan itse. Tässä korostuu jälleen kerran suolen toiminta, sillä energia poimitaan jo vatsalaukussa, mutta muut välttämättömät aineet poimitaan vasta suolistossa. Kuitenkin muita aineita tarvitaan mm. varastoimaan energiaa.

Viimeisenä listalla ovat mineraalit, joiden pääasiallinen tehtävä on sitoa vitamiinien järjestämät ainesosat paikoilleen pysyvästi laastin tapaan.

Entsyymit ovat niitä ainesosia jotka mahdollistavat kaikkien edellä mainittujen aineiden erottelun toisistaan vatsalaukusta suolistoon saakka. Niitä löytyy lähes joka puolelta kehoa eri muodoissa ja niiden tarkoitus on säädellä ja valmistella ruoansulatusta ja ravintoaineiden keräämistä. Ilman entsyymejä koiran elimistö ei siis saisi ravinnostaan irti mitään, koska ei pystyisi irrottamaan ravintoaineita.

Koira ei pysty tuottamaan kaikkia tarvitsemiaan entsyymejä itse, vaan se kerää niitä pääasiallisesti ravinnostaan. Raakaravinto sisältää tavattoman paljon enemmän entsyymejä kuin valmisruoat. Eniten hyödynnettävissä olevia entsyymejä löytyy pötsistä, jonka vuoksi se on niin terveellistä koirille ja edesauttaa suoliston tervehtymistä ongelmatilanteissa. Tässä on jälleen painava syy syöttää koiralle edes jonkin verran raakaa ravintoa. Se on koiran elimistölle elintärkeää, koska valmisruoissa suurin osa entsyymeistä on jo tuhoutunut, eikä koira täten saa tarpeeksi entsyymejä ravintoaineiden tehokasta hyödyntämistä varten.

Entsyymien tärkeimmät toiminta-alueet ovat

- ruoansulatuskanavassa ruoka-aineiden hajottaminen jotta aineet voivat imeytyä suolistossa tehokkaasti
- ravintoaineiden muuttaminen maksassa sellaiseen muotoon että niitä voidaan käyttää soluaineenvaihdunnassa sekä ravintoaineiden imeytymisessä
- aineenvaihduntaprosessien nopeudensäätely
- tiettyjen rauhasten toiminta

Yhteenvetona kehon ja ruoansulatusprosessin toiminnasta voisi siis todeta, että keho vaatii tietyt asiat toimiakseen moitteeta. Perustana on se, että suoliston pitää olla kunnossa, jotta se pystyy imemään entsyymien vapauttamat ravintoaineet. Jotta entsyymien mahdollistamisesta imeytymisestä olisi mitään hyötyä, tarvitaan vettä, valkuaista, vitamiineja ja mineraaleja kuljettamaan, järjestämään ja sitomaan tarvittavat aineet oikeille paikoilleen. Koira pystyy hyödyntämään parhaiten eläinperäisiä ruoka-aineita, mutta niitäkin tarvitaan useammasta eläinlajista jotta vaihtelua olisi riittävästi.

Monet koiran vaivoista ovat eri imeytymishäiriöiden summa, mutta yleensä ongelmat ovat lähtöisin suolistosta. Seuraavassa luvussa keskitymme gluteeniin, joka monen tutkimuksen mukaan on syypäänä suoliston toimintahäiriöihin.

Gluteeni

*Gluteeni ansaitsee kokonaan oman
lukunsa tässä kirjassa, vaikka
kyseessä on vielä hieman
kiistanalainen asia. On esitetty
teorioita siitä, että gluteeni olisi
pitkällä aikavälillä lähes kuolemaksi
koirille koska se aiheuttaa
samankaltaisia oireita suurimmassa
osassa koiria kuin se aiheuttaa
keliakikoille ihmisistsä.*

Tätä tukevat mielipiteet siitä, että viljatuotteet ovat haitallisia koirille ja
ne tutkimukset, joissa on havaittu koirien voivan huonosti saadessaan
pääasiassa vilja-, maissi- tai riisipohjaista ruokaa.

Gluteenia käytetään hyvin laajasti niin elintarvike- kuin muussa
teollisuudessa, sen tahmeiden liimamaisten ominaisuuksien vuoksi.
Gluteenia käytetään siis pitämään eri ruoka-aineita koossa sideaineena.
Juoksevasta nesteestä pystyy tekemään hyytelöä tai vaikka kovan
karamellin käyttäen gluteenia. Muussa kemian teollisuudessa gluteenia
käytetään äärimmäisen vahvana liimana.

Gluteenia on siis melkein kaikissa valmisruoissa sekä lukuisissa muissa
syötäväksi tarkoitetuissa valmisteissa. Mm. tablettien kapselit ovat
yleensä puhdasta gluteenia, karamelleja kovetetaan gluteenilla, erilaisia
pehmeitä massoja muovataan ja kovetetaan gluteenilla (esim. koirien
"hampaidenpesuvalmisteet", koirankeksit, puristeluut, solmuluut
jne.)… Mikä siinä sitten on niin haitallista?

Kuten edellä on jo kerrottu, gluteeni on liimamaista ja sillä on
liimaavia ominaisuuksia. Teorian mukaan kun nämä aineet joutuvat

kehoon ja ruoansulatuselimistöön, se tukkii suoliston pinnan. Kuitenkin osa gluteenista pääsee läpäisemään suolen seinämän ja jatkaa matkaa kehoon tukkien osittain muita elimiä ja täten häiriten niiden toimintaa. Tämä johtaa mm. siihen, ettei suolisto pysty ottamaan talteen kehon tarvitsemia ravintoaineita ja syntyy puutostiloja (katso edellinen luku) puhumattakaan siitä, mitä eri osittain tukkeutuneiden elinten vajaatoiminta saisi aikaan kehossa.

Tukkeutuminen ei tapahdu yhdessä yössä ja on täysin yksilöllistä miten nopeasti keho pystyy puhdistautumaan tästä gluteeniliimasta. Joidenkin yksilöiden keho kykenee siihen erittäin hyvin, toisten taas ei ja tämän näkee tietysti terveydessä ja kehon kyvyssä hyödyntää eri ravintoaineita.

Gluteeniyliherkkyyttä ihmiskehossa kutsutaan keliakiaksi. Koirilla tälle samalle vaivalle ei vielä ole nimeä. Kuitenkin oireet ovat täysin samat kuin ihmisillä. Harva kuitenkaan tietää, että keliakia aiheuttaa ihmisillä hyvin laajan skaalan eri oireita, ei ainoastaan ripulia kuten monet luulevat. Keliakiaa sairastavien oireet vaihtelevat vakavista sydänongelmista ilmavaivoihin. Syy on kuitenkin pohjimmiltaan sama: Suoliston vajaatoiminta ja siitä johtuvat puutostilat. Tästä syystä gluteenin vaikutukset on niin hankala huomata, ellei asiaan paneudu ja kokeile täysin gluteenitonta ruokavaliota vaikka puolen vuoden ajan, koska puhdistuminen vie aikansa ja samoin kestää aikansa ennen kuin keho saa imettyä itseensä ne ravintoaineet josta on syntynyt puutostila. Huomaa että myös suolen nukan korjaantuminen vie aikansa!

Aihetta pohtiessa on otettava huomioon se, että gluteenin vaikutus tapahtuu hiljalleen ja oireet viittaavat johonkin aivan muuhun kuin itse ongelmaan. Samoin kuin osteporoosi on kroonisen kalkinkipuutoksen lopputulos, muttei syy. Syy on joko siinä että, ettei ravinto ei ole sisältänyt riittävästi kalkkia tai siinä, ettei se ole imeytynyt.

Gluteenin vaikutuksista itselläni on omakohtaisia kokemuksia. Omistan kirjoitushetkellä 11-vuotiaan saksanpaimenkoira-pystykorva sekoituksen nimeltään Linda. Linda on leikattu iäkäs narttu, jolla todettiin nivelrikko lonkissa joka todettiin sillä 8-vuotiaana. Edempänä kirjassa kerron enemmän tapauksesta ja siitä miten päädyimme sekä akupunktio- että osteopatiakäynneille. Nämä hoidot ja lukuisat lisäravinteet auttoivat tilannetta vajaan muutaman vuoden ajan, mutta sitten kivut silminnähtävästi alkoivat palata, enkä pystynyt ymmärtämään miksi. Lopuksi olimme lähes lähtöpisteessä, eli Linda oli todella kipeä ja elämänhalu tiessään, jolloin pohdin jo toistamiseen viimeistä reissua, ellen löytäisi helpotusta Lindan kipuihin.

Sitten sain tietoa gluteenista ja sen oletetuista vaikutuksista koiran elimistöön. Päätin kokeilla auttaisiko se jos siirtäisin koiran gluteenittomalle ruokavaliolle. Tulokset ovat olleet aivan mahtavia! Linda on paremmassa kunnossa kuin koskaan, kivuton ja ikään kuin bonuksena kaikelle muulle, ei painon kanssa ole enää tarvinnut painia vaan se pysyy hienosti tavoitteissaan vaikka syökin enemmän kuin ennen. Tästä olen itse päätellyt, että kehoon oli varastoitunut huomattava määrä kuona-aineita, jotka pitivät eräänlaista pöhötystä yllä.

Säännölliset käynnit osteopaatilla ovat tukeneet teoriaa gluteenin vaikutuksista. Osteopaattimme on sanonut kerta kerran jälkeen että Linda on selkeästi paremmassa kunnossa ja keho on pysynyt suorana eikä lihasjännityksiäkään ole tullut, vaan ne ovat kadonneet kuin tuhkana tuuleen.

Tämä oli asia, jota aprikoin ja päätin ottaa sen puheeksi osteopaatin kanssa; Miten suolen tukkoisuus voi liittyä lihasjännityksiin. Hänellä oli hyvin yksinkertainen vastaus. Keho toimii siten, että se pyrkii suojelemaan sairaita tai heikkoja sisäelimiä kiertymällä niiden ympäri. Maksa on yksi kehon tärkeimmistä elimistä jonka toiminta häiriintyy, mikäli se ei saa riittävästi tarvitsemiaan aineita, mm. vitamiineja, mineraaleja ja entsyymejä tai jos sen toimintaa rasittaa jokin. Gluteenin täyttäessä kehoa, se ensinnäkin estää suolessa tapahtuvaa ravinnon talteenottoa ja tukkii maksan haitaten täten sen toimintaa. Silloin keho huomaa että maksan kanssa on jotakin ongelmaa (vaikkei vielä hengenvaarallista) ja pyrkii suojelemaan sitä kiertymällä osittain sen ympäri. Tällöin koiran koko keho menee vinoon, aiheuttaen virheellisen asennon joka johtaa lihasjännityksiin, jotka pidemmällä aikavälillä johtavat kulumiseen. Jälleen voimme todeta, että pieni asia vaikuttaa moneen muuhun asiaan ja lopputulos onkin suuri vaiva, jonka syytä on hankala selvittää koska kyseessä on ketjureaktio.

En ole lääkäri, enkä pysty tieteellisesti todistamaan että asia on juuri ylläkuvatulla tavalla. Tämä on vain yksi mahdollinen selitys sille miksi Linda voi niin hyvin tällä hetkellä, mutta itse olen vakuuttunut siitä, että teoriassa on ainakin totuuden siemen, ellei muuta. Linda ei kipeydy edes pitkien lenkkien jälkeen, toisin kuin se on tehnyt monen vuoden ajan jo ennen nivelrikon toteamista. Mikään muu ei sen

49

elämässä ole muuttunut muuta kuin ruokavalio, joten tästä syystä olen vakuuttunut siitä, että gluteeni oli nimenomaan tuo vaikuttava aine.

Meidän kohdalla gluteeninlähteenä toimi puuro, leipätuotteet, maissi, riisi, lähes kaikki makupalat ja solmuluut sekä lukuisten lisäravinteiden kapselien kuoret ja tablettien sidosaineet. Esimerkiksi kalkkitabletti on useimmiten 80 prosenttisesti gluteenia...

Eliminaatiodieetti

Mikäli koiralla on ollut allergisia oireita tai ruoansulatusvaivoja ja olet siitä syystä päättänyt aloittaa raakaruokinnan, on viisasta aloittaa eliminaatiodieetillä.

Ideana on, että raakaravintoon siirrytään eläin kerrallaan vaiheittain, samalla kun tarkkaillaan oireita ja niiden paranemista tai pahenemista. Huomioi että tämänkaltainen siirtyminen raakaruokintaan soveltuu vain täysikasvuisille koirille. Mikäli koira on edelleen kasvuvaiheessa saattaa tämänkaltaisesta ruokavaliosta syntyä mittavia puutostiloja, joista saattaa jäädä pysyviä kasvuhäiriöitä.

Mikäli olet käynyt koirasi kanssa allergiatesteissä, olet saanut ainakin suuntaa antavan listan ruoka-aineista jotka, allergisoivat kyseistä yksilöä. Tällöin on viisainta aloittaa jollakin eläimellä jota ei listalta löydy.

Aivan ensimmäiseksi suosittelisin jättämään pois kaikki valmistetut ruoat, jotta varmasti tiedät mitä koiralle syötät ja voit olla varma siitä, ettei ruokaan ole lisätty mitään mistä et ole tietoinen. Seuraavaksi kehottaisin jättämään pois kaiken mikä (edes mahdollisesti) sisältää gluteenia ja kolmanneksi kaikki muut haitalliset aineet.

Valmisruoat sisältävät paljon viljoja ja riisiä jotka sisältävät gluteenia sekä lisäaineita ja todella rankasti prosessoituja raaka-aineita. Koiran keho ei osaa hyödyntää näitä prosessoituja ravintoaineita ja saa suuria annoksia haitallisia lisä-, väri- ja säilöntäaineita valmisruoista. Koiranruokien valmistuksessa kaikki raaka-aineet kuumennetaan yli 200 asteeseen, jolloin voit kuvitella, ettei ravintoaineista jää juuri mitään jäljelle kun jo keittäminen (100 astetta) tuhoaa miltei kaikki vitamiinit ja hivenaineet.

Kuten edellisissä luvuissa on esitetty, johtuvat monet allergiset oireet siitä, että koiran keho on ylirasitettu haitallisilla aineilla jolloin se alkaa reagoida yhä herkemmin allergeeneihin. Tästä syystä kannattaa välttää kaikkia aineita, joita koira ei luonnonmukaisessa ravinnossaan nauttisi.

Vältettäviä aineita ovat:

- Viljaa sisältävät tuotteet. Mukaan lukien koirankeksit, leivänpalat, tietyt puruluut, eli kaikki missä mahdollisesti on käytetty viljatuotteita
- Kaikki maitotuotteet, mukaan lukien hapanmaitotuotteet kuten piimä, raejuusto, viili jne.
- Kaikki soijaa sisältävät tuotteet
- Kaikki maissia sisältävät tuotteet
- Kaikki väri-, säilöntä- ja lisäaineita sisältävät tuotteet

Lista saattaa monen mielestä kuulostaa kauhistuttavalta ja tavallaan se onkin sitä. Lopuksi lista on kuitenkin hyvin yksinkertainen jos se käännetään päinvastoin, eli mikä on sallittua; Kaikki tuoreet raaka-aineet kuten raakapakastetut liha- sekä luutuotteet ja vihannekset, eli kaikki mitä koiran luonnolliseen ruokavalioon kuuluu.

Mitkä ovat perustelut kiellettyjen aineiden listalle? Viljat, soija sekä maissi sisältävät gluteenia joilla saattaa eräiden tutkimusten mukaan erittäin negatiivisia vaikutuksia koiran elimistössä (katso edelliset luvut).

Maitotuotteet ovat kiistanalainen asia, kuuluvatko ne koiran luonnolliseen ruokavalioon vai ei, eikä moni halua niistä luopua. Olen pohtinut asiaa itse jonkin verran ja tullut siihen lopputulokseen, etten tiedä mistä koira luonnossa maitotuotteita saisi. Tästä syystä väitän, etteivät ne kuulu koiran luonnonmukaiseen ravintoon. On täysin eri asia ovatko tuotteet terveellisiä vai haitallisia koirille. Eliminaatiodieetin ideana on saada piiruntarkasti selville mitkä ruoka-aineet aiheuttavat ongelmia, joten siitä syystä maitotuotteista on viisainta luopua aluksi. Mikään ei estä lisäämästä niitä takaisin ruokavalioon myöhemmin.

Väri-, Säilöntä ja lisäaineet ovat tutkitusti ja todistetusti epäterveellisiä niin ihmisille kuin koirille. Ne eivät ole tappavantappavan epäterveellisiä ihmisille (muutenhan aineet olisivat kiellettyjä) mutta jokainen tietää, etteivät ne tee hyvääkään.

Aloitus ja eteneminen tapahtuu hiljalleen ja askeleittain. Esittelen tässä esimerkin siitä miten kannattaa edetä. Jos allergiatestejä on tehty ja todettu allergia jotakin tiettyä eläintä kohti, ei tätä eläintä kannata lisätä ruokavalioon ennen kuin kaikki muut mahdolliset eläinlajit on lisätty.

Ensimmäisten kuukausien aikana kovaa fyysistä rasitusta ja stressiä tulisi välttää, sillä koira ei välttämättä saa tarpeeksi energiaa ruokavaliostaan tätä varten! Mikäli koiralle ei ole tehty allergiatestejä, niiden tulokset ovat vaihdelleet rajusti, tai niissä ei ole todettu kana-allergiaa, suosittelisin aloittamaan kanasta. Se on harvemmin allergisoivien listalla kun vastaavasti nauta ja kananmuna ovat allergisoivien ruoka-aineiden kärkipäässä.

Kanatuotteita löytyy laidasta laitaan ja suurin osa niistä on helposti sulavaa ja myös kääpiöroduille soveliaita tuotteita. Koska kalsium-fosforisuhde on koiralle hyvin tärkeä, suosittelisin aloittamaan nimenomaan kanan siivistä, selkärangoista ja kauloista jotta lihaluu-suhde säilyy hyvänä eikä merkittäviä muutoksia tasapainossa tapahdu. Vaikka koira ei eläessään olisi syönyt raakaravintoa, voidaan aloittaa kanansiivillä tai kanansiipimassalla, sillä kana on todella helposti sulavaa sen pehmeiden, lähes rustomaisten luiden ansiosta kunhan ne tarjoillaan raakana. Mitään lihaisia luita ei missään tapauksessa koskaan saa kypsentää! Tällöin luut muuttuvat hengenvaarallisiksi.

Pelkkiä kanansiipiä voidaan syöttää ensimmäinen viikko ja ottaa sen jälkeen mukaan muita osia kanoista kuten selkärangat ja kaulat. Kun kaksi viikkoa on kulunut ongelmitta, voidaan lisätä ruokavalioon kananliha sekä -sydämet. Näillä aineksilla jatketaan kunnes neljä viikkoa on kulunut.

Kahden ensimmäisen viikon aikana oireet voivat pahentua, mutta sen jälkeen niiden pitäisi alkaa helpottamaan, ellei koiran elimistö reagoi nimenomaan kanaan. Kuitenkin suosittelisin syöttämään pelkkiä kanatuotteita sinnikkäästi tuon neljä viikkoa, elleivät oireet mene todella kamaliksi. Monesti nimittäin keho aloittaa puhdistautumisen kaikista kuona-aineista joita kehoon on kertynyt, jolloin yleisimmin esimerkiksi vatsa on löysällä koko ajan. Viidennellä viikolla ruokavalioon kannattaa lisätä jauhettu lohi, jotta koira saa välttämättömät rasvahapot. Kana-lohi ruokavaliolla kannattaa jatkaa tästä kaksi viikkoa eteenpäin.

53

Seitsemännellä viikolla ruokavalioon voi lisätä sian tai kalkkunan. Sikatuotteita löytyy todella montaa eri laatua, mutta kalkkunaa ei yleisesti ole muuta kuin siipiä ja kalkkunamassaa. Mikäli seitsemännellä viikolla otetaan mukaan kalkkuna, on parasta aloittaa kalkkunansiivillä ja sitten kahdeksannella viikolla lisätä ruokavalioon kalkkunamassa ja yhdeksännellä viikolla siirtyä sikatuotteisiin. Tässä kannattaa huomioida se, että kalkkunansiivet ovat suuria. Yksi siipi painaa puolisen kiloa jolloin kääpiörotuiselle koiralle on syytä pilkkoa siivestä palasia.

Sikatuotteita löytyy niin montaa eri laatua, että niiden läpikäyminen vie aikansa. Pääsääntönä kuitenkin on, että jokaisella viikolla lisätään uusi ainesosa eläin kerrallaan. Seuraavalla sivulla on taulukossa esimerkki siitä mitä tässä olen luetellut (olettaen että kalkkuna otettiin ruokavalioon mukaan ennen sikaa).

Viikko	Eläin	Ruoka-aine
1	**Kana**	**Kanansiivet**
2	**Kana**	Kanansiivet
		Kanan selkärangat
		Kanankaulat
3	**Kana**	Kanansiivet
		Kanan selkärangat
		Kanankaulat
		Kananliha
4	**Kana**	Kanansiivet
		Kanan selkärangat
		Kanankaulat
		Kananliha
		Kanan sydämet
		Kananmaksa
5	Kana	Em. Kanatuotteet
	Lohi	**Jauhettu lohi**
6	Kana	Em. Kanatuotteet
	Lohi	Jauhettu lohi
7	Kana	Em. Kanatuotteet
	Lohi	Em. Jauhettu lohi
	Kalkkuna	**Kalkkunansiivet**

8	Kana	Em. Kanatuotteet
	Lohi	Em. Jauhettu lohi
	Kalkkuna	Kalkkunansiivet
		Kalkkunamassa
9	Kana	Em. Kanatuotteet
	Lohi	Em. Jauhettu lohi
	Kalkkuna	Em. Kalkkuna
	Sika	**Sian kylkiluut**
10	Kana	Em. Kanatuotteet
	Lohi	Em. Jauhettu lohi
	Kalkkuna	Em. Kalkkuna
	Sika	Sian kylkiluut
		Sianliha
11	Kana	Em. Kanatuotteet
	Lohi	Em. Jauhettu lohi
	Kalkkuna	Em. Kalkkuna
	Sika	Sian kylkiluut
		Sianliha
		Sian sisäelinseos
12	Kana	Em. Kanatuotteet
	Lohi	Em. Jauhettu lohi
	Kalkkuna	Em. Kalkkuna
	Sika	Sian kylkiluut
		Sianliha
		Sian sisäelinseos
		Sian selkäranka
13	Kana	Em. Kanatuotteet
	Lohi	Em. Jauhettu lohi
	Kalkkuna	Em. Kalkkuna
	Sika	Sian kylkiluut
		Sianliha
		Sian sisäelinseos
		Sian selkäranka
		Sian muut luut

14	Kana	Em. Kanatuotteet
	Lohi	Em. Jauhettu lohi
	Kalkkuna	Em. Kalkkuna
	Sika	Sian kylkiluut
		Sianliha
		Sian sisäelinseos
		Sian selkäranka
		Sian muut luut

Ja niin edelleen....

Mukaan siis lisätään viikoittain jokin uusi ruoka-aine eläin kerrallaan kunnes ruokavalio on saatu mahdollisimman monipuoliseksi.

Jos matkanvarrella esiintyy ongelmia, esim. äkillisiä allergisia oireita, pysytään "paikallaan" 3-7 päivää, ja elleivät oireet häviä, palataan taaksepäin edelliselle viikolle ja pysytään siinä noin viikon verran. Sitten yritetään kyseistä ruoka-ainetta uudelleen. Jos oireet palaavat, on se selvä merkki siitä, ettei tämä kyseinen ruoka-aine sovi koiralle, eli silloin palataan taas sille tasolle jolla ei ollut oireita ja jatketaan seuraavalla ruoka-aineella.

Suosittelen siksi aina kokeilemaan kaksi kertaa jotakin tiettyä ruoka-ainetta, että ensimmäisellä kerralla kyse saattaa olla väliaikaisesta ilmiöstä, joka liittyy kehon toimintaan yleisesti. Jos kuitenkin oireet palaavat toisella kokeilukerralla on selvää, ettei keho ainakaan vielä ole valmis vastaanottamaan ko. ruoka-ainetta. Tällöin aine jätetään kokonaan pois, mutta sitä voidaan kokeilla vielä uudelleen puolen vuoden – vuoden päästä jos se on tarpeen.

Yllä oleva lista on kutienkin vain esimerkki siitä miten eliminaatiodieetti voidaan toteuttaa. Viisainta on siis aloittaa niistä aineista, joille koira ei ole aloitushetkellä herkistynyt, eli joista se ei ole saanut oireita, ja kokeilla oireita aiheuttaneita aineksia viimeisenä. Kuitenkin suosittelen aina jättämään naudan ja kananmunat viimeiseksi "ei oireita aiheuttaneiksi" ruoka-aineiksi siitä syystä, että kananmuna on yleisesti allergisoivin ja nauta toiseksi allergisoivin ruoka-aine eläinkunnan tuotteista. Maitotuotteet tulevat kolmantena.

Poikkeuksena yllä olevaan on naudanmaha eli pötsi, jota voi kokeilla jo aiemmin, mikäli on epäilys siitä, että koiralla on elimistössään liian vähän entsyymejä.

Vitamiinit ja lisäravinteet

*Vitamiinit voidaan jakaa kahteen
ryhmään; rasva- sekä vesiliukoisiin.
Näiden suurin ero on se, että
rasvaliukoiset vitamiinit varastoituvat
kehoon, kun vastaavasti vesiliukoiset
eivät.*

Täten rasvaliukoisista vitamiineista koira voi saada yliannostuksen, mutta vesiliukoisista se on lähestulkoon mahdotonta, koska imeytymättömät vitamiinit poistuvat virtsan mukana kehosta.

Vitamiineja käsiteltäessä on muistettava muutama tärkeä asia. Sekä rasva- että vesiliukoiset vitamiinit tuhoutuvat helposti kuumennettaessa. Lisäksi vesiliukoiset vitamiinit liukenevat myös keitin- tai sulamisveteen. Pitkäaikainen varastointi tuhoaa vitamiineja myös.

Jos siis vihannekset keitettäisiin ennen koiralle tarjoamista, suurin osa vitamiineista olisi tuhoutunut ja jäljellä olevat vesiliukoiset vitamiinit olisivat todennäköisesti liuenneet keitinveteen. Jos kasvissose on pakastettu ja jätetty pöydälle sulamaan, on viisainta lisätä sulamisvesi koiran ruokaan, sillä suuri osa vitamiineista on liuennut sulamisveteen. Pakastaminen ei kuitenkaan tuhoa vitamiineja yhtä suurissa määrin kuin keittäminen.
Suurin osa vitamiineista tuhoutuu kun ravintoa käsitellään. Tästä syystä on helppoa ymmärtää miksi teollisesti valmistetut koiranruoat ovat vitamiinisisällöltään kohtalaisen köyhiä. Tähän kun vielä lisätään olettamus siitä, että muonia säilytetään pitkän aikaa ennen koiralle tarjoamista, on selvää että ravintoon tulee helposti puutteita.

Rasvaliukoiset vitamiinit

A-vitamiini

Vaikutukset: A-vitamiini vaikuttaa näköaistiin ja pentujen luuston kasvuun suotuisasti. A-vitamiinia tarvitaan myös suojaamaan limakalvoja kuivumiselta, haurastumiselta sekä haavaumilta. Se vaikuttaa myös lisääntymiskykyyn, hedelmällisyyteen, sikiöiden ja pentujen normaaliin kehitykseen ja kasvuun. Pennuilla se vaikuttaa myös immuunijärjestelmän toimivuuteen.

Puute: A-vitamiininpuute vaikuttaa negatiivisesti kaikkiin sen vaikuttamiin asioihin. Se aiheuttaa hämäräsokeutta, nartuilla hedelmällisyyden heikkenemiseen tai häiriöihin sekä uroksilla steriiliyteen. Nartun vakava puutostila tiineyden aikana saattaa aiheuttaa keskenmenon, sikiökuolleisuutta sekä alentaa pentujen elinvoimaisuutta. Pennun kasvuaikana puutos heikentää luuston ja hampaiden normaalia kehitystä. Puutostila ilmenee myös lihasheikkoutena, häiriöinä ihossa sekä limakalvoilla, turkin huonolaatuisuutena sekä lohkeilevina kynsinä.

Yliannostus: Koska A-vitamiini on rasvaliukoinen, se kertyy elimistöön jolloin sitä voi varastoitua liikaa, etenkin jos koiralla on sinkin puutosta. Oireet yliannostuksesta ovat iho-oireet (kuivuminen), silmien sidekalvon ärsyyntyminen sekä ruokahaluttomuus. Jatkuva yliannostus aiheuttaa luustohäiriöitä, iho-oireita, maksa sekä sikiövaurioita.

Lähteet: A-vitamiinia esiintyy runsaasti lähinnä maksassa ja kananmunissa, vähemmän muissa eläinkunnan tuotteissa. Kasviksissa esiintyy lähinnä A-vitamiinin esiastetta josta koira voi muodostaa A-vitamiinia. Nämä kasvikset ovat mm. Porkkana, paprika, pavut, herneet, pinaatti ja tomaatti. Pikkupennuilla tärkein A-vitamiininlähde on emonmaito. Vanhemmilla koirilla A-vitamiinintarve kasvaa, koska ne eivät pysty varastoimaan sitä yhtä tehokkaasti.

Tarve:

Minimitarve pennulla 270 ky / kg

Minimitarve aikuisella 75 ky / kg

Ylläpito n. 100–500 ky / kg

D-vitamiini

Vaikutukset: D-vitamiini edesauttaa kalkin imeytymistä ja ylläpitää kalkki-
fosfori tasapainoa, vaikuttaen täten luuston kehittymiseen kasvavilla koirilla
sekä luuston kovuuteen ja hampaiden kasvuun. D-vitamiini vaikuttaa myös
munuaisten, hermoston ja lihasten toimintaan.

Puute: D-vitamiinin puute ilmenee kasvavilla koirilla luuston
kehityshäiriöinä, koska luutuminen on hidasta ja epätäydellistä. Aikuisilla
koirilla puute ilmenee luuston pehmenemisenä.

Yliannostus: D-vitamiinin yliannostus aiheuttaa kasvaville koirille pitkien
luiden kasvuhäiriön (osteodystrofia) sekä kudosten kalkkeutumista.

Lähteet: D-vitamiinia saa joko ravinnosta tai auringonvalosta.
Ravintoaineet joissa on eniten D-vitamiinia ovat rasvaiset kalat,
munankeltuainen, maksa ja margariini.

Tarve:

Minimitarve pennulla 22 ky / kg

Minimitarve aikuisella 8 ky / kg

Ylläpito n. 10 ky / kg

E-vitamiini

Vaikutukset: E-vitamiini vahvistaa vastustuskykyä tulehduksia vastaan.
Se suojaa soluja saasteilta ja solumyrkyiltä sekä estää tällä tavoin syövän
syntyä, etenkin nisissä. Se vaikuttaa suotuisasti kiimaan ja tiinnehtymiseen
sekä pienentää keskenmenon riskiä. E-vitamiini vaikuttaa myös ihon
terveyteen sekä tehostaa A-vitamiinin ja seleenin vaikutusta.

Puute: E-vitamiinin puutteesta seuraa mm. steriliteettiä, keskenmenoja,
ennenaikaisia synnytyksiä, anemiaa, maksan ja munuaisten sairauksia,
eturauhasvaivoja, lihasrappeumaa, silmävaivoja ja keuhkomuutoksia.
Yliannostus: Yliannostuksen vaara on hyvin pieni, sillä E-vitamiini ei
varastoidu pitkään kehossa. Huomattava ylisaanti saattaa aiheuttaa
vatsakipuja sekä ripulia.

Lähteet: E-vitamiinia on runsaasti vehnänalkioöljyssä sekä auringonkukkaöljyssä, mutta myös muissa kasviöljyissä. Sitä löytyy myös kasviksista, soijasta, kananmunista, viljatuotteista sekä pienissä määrin maksasta ja lihasta.

Tarve:

Minimitarve pennulla 1,2 ky / kg

Minimitarve aikuisella 0,5 ky / kg

Ylläpito n. 1-2 ky / kg

K-vitamiini

Vaikutukset: Ilman K-vitamiinia veri ei hyydy, joten sillä on suuri vaikutus veren toimintaan.

Puute: Puutostilassa verenvuototaipumus suurenee ja hyytymisaika pitenee.

Yliannostus: Yliannostustapauksia ei ole todettu

Lähteet: K-vitamiinin pääasiallinen lähde on vihreät kasvikset. Sitä muodostuu myös suoliston bakteerien avulla, joten koira ei tarvitse sitä suurina määrinä ravinnostaan.

Tarve: Todellinen tarve ravinnosta saatavalle K-vitamiinille on epäselvä.

Vesiliukoiset vitamiinit

B1 - tiamiini

Vaikutukset: Tiamiini vaikuttaa aineenvaihduntaan sekä hermostoon. Joidenkin tutkimusten mukaan se myös vahvistaa vastustuskykyä.

Puute: Tiamiinin puute vaikuttaa ensisijaisesti hermostoon ja sydämeen. Vakavassa puutostilassa esiintyy ruokahaluttomuutta, lihasheikkoutta, hermotulehduksia sekä takaraajojen halvaantumista.

Lähteet: Kananmunat, maksa, oluthiiva, herneet, täysjyvävehnä, tattari, kaura, tumma riisi ja vihannekset.

Tarve:

Minimitarve pennulla 54 ug / kg

Minimitarve aikuisella 20 ug / kg

Ylläpito 20–40 ug / kg

B2 - riboflaviini

Vaikutukset: Riboflaviini vaikuttaa suuresti pennun normaaliin kasvuun, lihasten kehittymiseen, punaisten verisolujen tuotantoon sekä vasta-ainetuotantoon. Se vaikuttaa myös aineenvaihduntaan.

Puute: Riboflaviinin puute aiheuttaa ihosairauksia, ihottumaa kuonon ja huulien alueella, hilseilyä sekä ihon rasvaisuutta. Lisääntynyttä kuolaamista ja silmien tulehdusherkkyyttä voi esiintyä.

Lähteet: Riboflaviinin lähteitä ovat mm. Liha, maksa ja munuaiset, maitotuotteet, oluthiiva sekä täysjyväviljat.

Tarve:

Minimitarve pennulla 100–700 ug / kg (alle 7-viikkoisilla 100 ug, vanhemmilla pennuilla 100–700 ug)

Minimitarve aikuisella 40 ug / kg

Ylläpito 100–250 ug / kg

B3 - niasiini

Vaikutukset: Niasiini stimuloi keskushermoston toimintaa, aivotoimintaa, verenkiertoa ja ruuansulatusta. Lisäksi se vaikuttaa sukupuolihormonien, kilpirauhashormonien, insuliinin sekä kortisonin tuotantoon ja vaikutukseen kehossa.

Puute: Niasiinin puutosoireita ovat anemia, ihon ja limakalvojen muutokset, kielen tulehtuminen ja persoonallisuuden muutokset.

Lähteet: Liha, maksa, kala, pähkinät, oluthiiva ja viljatuotteet.

Tarve:

Minimitarve pennulla 400–1000 ug / kg (alle 7-viikkoisilla 400 ug, vanhemmilla pennuilla 400–1000 ug)

Minimitarve aikuisella 200 ug / kg

Ylläpito 400 ug / kg

B5 - pantoteenihappo

Vaikutukset: Pantoteenihappo tehostaa solunmuodostusta, vahvistaa vastustuskykyä sekä vaikuttaa rasva- ja sokeriaineenvaihduntaan. Se vaikuttaa suotuisasti myös ihosairauksiin, astmaan ja tulehduksiin sekä edesauttaa haavojen paranemista.

Puute: Pantoteenihapon puute aiheuttaa lihaskramppeja, suolen toimintahäiriöitä, pohjukansuolen haavaumia, verensokerin alenemista, ihotulehduksia sekä karvanlaadun heikkenemistä sekä harmaantumista.

Lähteet: Liha, kananmuna, sisäelimet, vehnänalkiot, täysjyvävilja, oluthiiva ja vihreät vihannekset.

Tarve:

Minimitarve pennulla 400 ug / kg

Minimitarve aikuisella 200 ug / kg

Ylläpito 400 ug / kg

B6-Vitamiini eli pyridoksiini

Vaikutukset: Vitamiineja käytetään usean sairauden hoitoon ja se on välttämätön terveen hermoston ja aivotoiminnan ylläpitoon. Se pitää myös huolen immuunivasteesta, osallistuu punasolujen ja gammalinoleenihapon muodostukseen sekä vaikuttaa tiettyjen kivennäisten imeytymiseen. Pyridoksiini on täten yksi monivaikutteisimmista vitamiineista.

Puute: Puutteen syntyä edesauttavat kortisoni ja muut lääkkeet sekä ruoan lisäaineet. Puutos ilmenee yleensä anemiana, tulehduksina, heikkoustiloina ja kouristuksina. Erilaiset iho-oireet ja karvanlähtö kuuluvat usein myös oireisiin. B6-vitamiinilla epäillään olevan yhteys verisuonitautien, syövän, niveltulehdusten, astman sekä allergioiden syntyyn.

Lähteet: Vehnänalkiot, täysjyvävehnä, maksa, munuaiset, sydän, oluthiiva, kaali, muna ja hapanmaitotuotteet. Ruoka-aineiden pitkä säilytysaika, teollinen valmistus, keittäminen ja paistaminen tuhoavat tämän vitamiinin.

Tarve:

Minimitarve pennulla 50 ug / kg

Minimitarve aikuisella 25 ug / kg

Ylläpito 50 ug / kg

B9-Vitamiini eli foolihappo

Vaikutukset: Punaisten verisolujen muodostuminen, DNA-synteesi ja valkuaisainevaihdunta ovat riippuvaisia foolihaposta. Se edistää maidoneritystä, lisää ruokahalua, nostaa kipukynnystä ja lisää vastustuskykyä mm. sisäloisia ja ruokamyrkytyksiä vastaan. Foolihappo myös tehostaa/edesauttaa raudan imeytymistä ruokavaliosta.

Puute: Foolihapon puute voi johtaa lisääntymisongelmiin ja syntymävaurioihin jos emä kärsii puutteesta. Muita oireita ovat mm. anemia, ruokahaluttomuus, väsymys ja heikentynyt immuunivaste. Yksipuolinen ruokavalio tai epilepsialääkitys voi aiheuttaa puutostilan

Lähteet: Lehtivihannekset, porkkana, maksa, munankeltuainen, pavut, pähkinät ja täysjyvävilja. Koiran suolisto pystyy myös itse muodostamaan foolihappoa synteesin avulla.

Tarve:

Minimitarve pennulla 8 ug / kg

Minimitarve aikuisella 4 ug / kg

Ylläpito 8 ug / kg

B12-Vitamiini eli syanokobalamiini

Vaikutukset: Ilman tätä vitamiinia punasolut eivät voi muodostua eivätkä solut uusiutua normaalisti. Se ylläpitää normaalia kasvua ja hermorakennetta, edistää henkistä tasapainoa ja keskittymiskykyä. Vitamiini on myös välttämätön normaalin ruoansulatuksen ja ruoan ravintoaineiden imeytymistä varten.

Puute: Oireita ovat hermovauriot, raajojen heikkous ja halvaantuminen ja ne ilmenevät vasta todella vakavissa ja pitkään jatkuneissa puutostiloissa. B12-vitamiini vaatii kalsiumia imeytyäkseen hyvin. Puute johtuu erittäin harvoin siitä, ettei koira saisi sitä ruoastaan. Yleisimmin syy on elimistön kyvyttömyydessä tuottaa välttämätöntä valkuaisainetta jonka avulla vitamiini siirtyy vereen, esim. suolistosairauksien yhteydessä.

Lähteet: tuore maksa, munuaiset, liha, kala, maitotuotteet ja kananmuna

Tarve:

Minimitarve pennulla 1 ug / kg

Minimitarve aikuisella 0,5 ug / kg

Ylläpito 1 ug / kg

Biotiini

Vaikutukset: Biotiini toimii synergisesti ja tehokkaimmin yhdessä B2, B3, B6 ja A-vitamiinien kanssa. Sen tärkein tehtävä on pitää iho terveenä, eli hoitaa ihotulehduksia, ihottumia, estää karvanlähtöä ja lievittää lihaskipuja. Se on myös välttämätön vitamiini normaalille sikiönkehitykselle, kehon rasva- ja valkuaisainevaihdunnalle sekä kilpirauhasen, lisämunuaisten ja hermoston normaalille toiminnalle.

Puute: Karvanlähtö, yleiset iho-ongelmat sekä ulosteiden syönti. Raaka kananmunanvalkuainen sisältää avidiinia joka sitoo itseensä biotiinia ja voi täten aiheuttaa puutostilan mikäli sitä annetaan koiralle usein. Munankeltuainen tosin sisältää Biotiinia runsaasti joten on vielä kiistanalaista kuinka paljon haittaa raa'an kananmunan syöttämisestä usein on.

Lähteet: Oluthiiva, maksa, munuaiset, soija, munankeltuainen, siemenet ja pähkinät, hedelmät ja täysjyvävilja. Biotiinia valmistuu myös jonkin verran paksusuolessa. Teollinen ruuanvalmistus tuhoaa biotiinia ja se liukenee herkästi keitinveteen. Tästä syystä teolliset koiranmuonat sisältävät Biotiinia hyvin vähän tai eivät ollenkaan.

Tarve:

Minimitarve pennulla 4-8 ug / kg

Minimitarve aikuisella 2 ug / kg

Ylläpito 4 ug / kg

C-vitamiini

C-vitamiinia on perinteisesti pidetty tarpeettomana lisänä koiran ruokavaliossa, koska koira pystyy valmistamaan itse C-vitamiinia. Terve ja monipuolisesti syövä koira pystyykin varmasti valmistamaan tarvitsemansa määrän, mutta C-vitamiinilisästä on useiden tutkimuksien mukaan silti hyötyä koiralle. Lisäksi heikentynyt maksan toiminta, teollisen ruuan lisäaineet, lääkkeet, saasteiden ja raskasmetallien aiheuttama fysiologinen stressi lisäävät C-vitamiinin tarvetta. Siltikin mielipiteet C-vitamiinin tarpeesta jakautuvat puolesta ja vastaan.

Vaikutukset: C-vitamiini vaikuttaa suuresti immuunijärjestelmään ja kudosten uusiutumiseen. Sen avulla kehossa muodostuu karnitiinia joka vastaavasti vaikuttaa lihastyön vaatiman energian muodostamiseen. C-vitamiini edistää myös raudan imeytymistä ja vähentää täten anemian vaaraa.

Puute: Hidas paraneminen, huono immuunivaste, luiden ja sidekudosten heikkous, virtsatieinfektiot ja -tukokset, turkin huono kunto. Koiran ienrajassa kulkeva tumma viiva viittaa C-vitamiinin puutteeseen. Myös tiineet ja imettävät nartut sekä toipilaat ja hiilimonoksidille alttiit kaupunkikoirat tarvitsevat ylimääräistä C-vitamiinia.

Lähteet: Tuoreet marjat, hedelmät, vihannekset ja juurekset. Kalsium ja magnesium tehostavat C-vitamiinin imeytymistä. Se tuhoutuu kuumennettaessa tai pitkään varastoitaessa ja liukenee helposti veteen. C-vitamiini myös hapettuu helposti eikä säily kosketuksessa ilman ja auringonvalon kanssa.

Tarve:

Minimitarve pennulla 10 mg / kg

Minimitarve aikuisella 2 mg / kg

Ylläpito 8 mg / kg

Yleisimmin käytetyt lisäravinteet vaihtelevat

paljon koiranomistajasta toiseen. Kaikkein käytetyimmät lisäravinteet Suomessa taitavat olla rasvahappotuotteet (lohiöljy, pellavaöljy, Omega-öljyt jne.), C-vitamiinivalmisteet sekä merilevä.

Mikäli koiran ruokavalio ja elimistö on kunnossa, ei mitään lisäravinteita pitäisi tarvita. Joskus kuitenkin pieni lisäapu on tervetullut kun keho kaipaa apua. Mikäli suunnitelmissa on käydä näyttelyissä tai kokeissa koiran kanssa, on syytä tutkia annettavien lisäravinteiden koostumukset tarkkaan, sillä joissakin lisäravinteissa on dopingaineiksi luokiteltuja ainesosia, mm. vihreää teetä.

C-vitamiinivalmisteita käytetään monesti kun halutaan auttaa kehoa toipumaan sairaudesta tai haavoista. Jotkut käyttävät c-vitamiinia myös ennaltaehkäisevästi torjumaan mm. kennelyskää ja virtsatietulehduksia ja toiset käyttävät tätä nivelvaivaisille helpottamaan nivelten toimintaa. C-vitamiinivalmisteita on markkinoilla monenlaisia ja monessa eri muodossa. Itse suosittelisin jauheena myytävää valmistetta, koska ne eivät sisällä gluteenia toisin kuin kapselit ja tabletit.

Rasvahappotuotteita on myös laaja valikoima niin kapseleina kuin nestemäisenä öljynäkin. Näitä käytetään ylläpitämään ihon ja turkin terveyttä. Läheskään kaikki koirat, joille rasvahappotuotteita annetaan, eivät niitä tarvitse. Rasvahappojen puute ilmenee kuivana ihona ja turkkina, mutta kuivuuteen on olemassa muitakin syitä.

Merilevä on ehdoton mineraalilähde joka edesauttaa ylläpitämään yleiskuntoa ja – terveyttä.

Oluthiiva ei ole niin yleinen lisäravinne, mutta se on ehdoton B- ja E-vitamiinien lähde mikäli näistä on puutetta.

Valkosipuli joko tuoreena, tablettina tai kuivattuna rouheena on kiistelty lisäravinne. Joidenkin mielestä sitä ei pitäisi syöttää koiralle ollenkaan, toisten mielestä se on ehdoton luonnontuote jolla saadaan samat hyödyt kuin ihmisillekin. Itse lisään valkosipulia kasvismössöihin.

Magnesium on hyvä valmiste ennaltaehkäisemään jäykkyyttä ja lihaskipuja rankan liikunnan jälkeen. Eritoten vanhat koirat jotka kipeytyvät pitkän lenkin tai riehumisen jälkeen hyötyvät tästä lisäravinteesta. Nestemäinen magnesium auttaa lähes välittömästi kun taas tabletit tai jauheet auttavat noin vuorokauden sisällä.

Muita lisäravinnevalmisteita ja vitamiinisyhdistelmiä löytyy vaikka kuinka paljon. Vitamiinitaulukosta saat osviittaa siitä mihin eri vitamiinit vaikuttavat. Jos jotakin valmistetta on saatavana nestemäisenä tai jauheena, valitsisin aina sen, koska silloin vältytään gluteenilta.

Vaivat ja hoidot

Ravinnon lisäksi koiran
kokonaisvaltaiseen hyvinvointiin
kuuluu monta muuta näkökulmaa
jota jokainen voi oman harkintansa
mukaan noudattaa.

Seuraavassa on esitelty muutama hoitomuoto josta puhutaan ja tiedetään vähemmän, mutta joka hoitaa eläintä kokonaisvaltaisesti ja tuo avun yllättäviinkin oireisiin. Yksi yleisin vaiva koirilla on kipu, jota omistajat eivät välttämättä huomaa. Kivun ei tarvitse olla merkittävä tai kova, jotta koira siitä kärsisi pidemmällä tähtäimellä. Tähän on helppo samaistua; Kuvittele että niskasi tai selkäsi vihoittelee kuukausien ajan. Kipu ei ole kovaa, eikä rajoita liikkeitä kuin vähän, mutta kestää itsepintaisesti pitkään etkä tunnu pääsevän siitä eroon. Olotilaan voi tottua ja sen kanssa elää, mutta jos kivun saa jollakin poistettua, on heti parempi olla ja hermot tuntuvat paljon vahvemmilta, ikään kuin jaksaisi arjen pieniä hankaluuksia helpommin. Näin se on monesti myös koirilla, eritoten ikääntyvillä koirilla.

Akupunktio on tuhansia vuosia vanha hoitomenetelmä joka on todennäköisimmin lähtöisin Kiinasta. Länsimaissa akupunktiota on käytetty 1970-luvulta lähtien, vaikka monet siihen alussa suhtautuivat epäillen. Akupunktiota on tutkittu länsimaisen lääketieteen menetelmin paljon, sen teho on pystytty todistamaan ja se on tullut lääketieteen sekä eläinlääketieteen piirissä hyväksytyksi hoitomuodoksi. Suomessa ihmisille akupunktiohoitoa saa antaa vain koulutettu henkilö ja eläimille vain eläinlääkäri. Miltei kaikki vakuutusyhtiöt korvaavat hoidon mikäli sairaskuluvakuutus on eläimelle otettu.

Akupunktuuri on hoitomenetelmä jossa käytetään erilaisia neuloja joita pistetään tarkasti määriteltyihin hermopisteisiin. Tämän jälkeen neulojen annetaan olla paikallaan tietyn aikaa jolloin ne kohdasta ja neulasta riippuen vaikuttavat eri tavoin.

Moni kauhistelee neuloja ja ensimmäinen mielikuva onkin monesti, että se sattuu tavattoman paljon. Neulojen paikalleen laittaminen ei ole kivutonta, mutta koettu kipu ei ole kovinkaan suuri, vaikka tämä on hyvin yksilöllistä. Hoidon hyödyt ovat kutienkin kiistattomat ja todistetut eritoten kivunlievityksessä.

Tavallisimmat vaivat joihin akupunktuuria käytetään, ovat tuki- ja liikuntaelinsairaudet sekä niistä johtuvat kiputilat. Esimerkiksi syntynyttä nivelrikkoa ei kyetä parantamaan millään keinoin, mutta akupunktiohoidon avulla potilas voidaan pitää kivuttomana, monesti tehokkaammin kuin lääkkeillä. Myös lihaksistosta peräisin olevia jännitys- ja kiputiloja sekä jännetulehduksia hoidetaan akupunktiolla. Henkilökohtainen mielipiteeni on kuitenkin se, että akupunktiolla on syytä hoitaa kiputiloja, jotka aiheutuvat jostakin parantumattomasta vaivasta jota ei pystytä parantamaan. Mikäli kyse on sellaisesta parannettavissa olevasta vaivasta tuki- ja liikuntaelimissä joka on parannettavissa, saa paremman avun osteopatiasta tai perinteisestä lääketieteestä. Tämä on kuitenkin arvioitava tapauskohtaisesti koska hoitomenetelmään ja sen tehoon vaikuttaa moni asia.

Vaikka tuki- ja liikuntaelinsairaudet ovat kärkisijalla akupunktiolla hoidettavista vaivoista, sitä voidaan käyttää myös muihin vaivoihin. Hormonaalisia ja lisääntymiseen liittyviä ongelmia on hoidettu menestyksekkäästi, koska akupunktion vaikutus hormonitoimintaan on suuri. Tällaisia vaivoja ovat esim. valeraskaudet, kiimattomuus tai ylipitkä kiima. Synnytyksen aikana akupunktiolla voidaan hoitaa kipua, voimistaa supistuksia ja avata kohdunkaulaa. Uroskoirilla hormonitoimintaan liittyvistä vaivoista hoidetaan mm. impotenssia, eturauhasongelmia, "yliseksuaalisuutta" sekä sperman laatuun ja siittiömäärään on eräiden tutkimusten mukaan pystytty vaikuttamaan akupunktiolla.. Näissä ei kuitenkaan tule sivuuttaa kokonaan perinteisen lääketieteen keinoja.

Neurologisia, eli hermostollisia ongelmia voidaan myös osittain helpottaa akupunktiohoidolla. Näitä ovat esimerkiksi epilepsia ja erilaiset halvausoireet sekä hermojen pinnetiloista aiheutuvat kivut. Immunologisiin sairauksiin kuten allergioihin, iho-ongelmiin ja astmaan hoito voi myös vaikuttaa suotuisasti. Ulkomailla hoidetaan jonkin verran erilaisia sydän-, hengitystie-, ruuansulatuskanava- ja virtsatieongelmia akupunktiolla, sen aineenvaihduntaa kiihdyttävän vaikutuksen vuoksi. On kuitenkin äärimmäisen tärkeää aina harkita mikä hoitomuoto kullekin potilaalle sopii ja varmistaa mikä on lemmikin oireiden perimmäinen syy ja hoitaa myös se. Parhaaseen lopputulokseen päästään siis yhdistämällä perinteinen lääketiede ja akupunktio.

Omalla kohdallani akupunktio tuli tutuksi vanhimman koirani (tuolloin 8-vuotias) kiputilojen vuoksi. Koirallani todettiin nivelrikko. Oireet olivat hyvin selvät; Koira: koira hakeutui sängyn alle, pois kaikkien muiden luota, eikä halunnut tulla sieltä lopuksi pois edes syömään saatikka ulkoilemaan. Se ärhenteli toisille koirilleni ilman mitään ilmeistä syytä heti jos ne tulivat vähänkään lähemmäs.

Ensi alkuun oletin sen vain olevan vanhuuden väsymystä ja ärtymystä, kunnes kävin kipuluennolla, jossa Anna Hjelm-Björkman Helsingin Yliopistollisen Eläinsairaalan kipuklinikalta tuli kertomaan koiran kivusta, mistä sen tunnistaa ja mitä asialle voi tehdä. Olin tyrmistynyt luennon jälkeen, kun silmäni avautuivat. Anna varoittikin jo luennon alussa, että tieto lisää tuskaa. Hän sanoi, että tulisimme jokainen saamaan pahan mielen, koska kadulla tunnistaisimme toinen toistaan kipeämpiä koiria, joiden omistajalla ei näytä olevan pienintäkään tietoa siitä, että heidän lemmikkilemmikkinsä on kipeä.

Henkilökohtaisesti olen arvioinut, että noin puolet kadulla näkemistäni koirista kokevat kipuja tuki- ja liikuntaelinvaivojen vuoksi, joita omistaja ei tunnista. Usein oireet ilmaantuvat niin hitaasti, että omistaja ei niitä huomaa. Helposti myös ajatellaan (kuten itsekin ajattelin) että oireet liittyvät vanhuuteen ja ovat luonnollisia. Toisaalta tämä pitää paikkansa, koska ikääntyvällä koiralla alkaa olla ns. vanhuudenoireita. Toisaalta taas näitä vaivoja voi ja pitää parantaa.

Akupunktiohoito aloitetaan monesti tiheillä akupunktiokäynneillä. Meidän tapauksessa sovimme ensin, että käymme neljä kertaa viikon välein, jonka jälkeen hoitojaksoa aletaan pidentää. Meidän tapauksessa kuitenkin kolme kertaa riitti. Tämän jälkeen hoitoväliä alettiin kerta kerralla tuplata, eli ensin kaksi viikkoa väliä, sitten neljä, sitten kahdeksan ja niin edelleen. Lopuksi pääsimme puolen vuoden hoitojaksoihin jolla kivut ovat pysyneet poissa. Tämä on kuitenkin jokaiselle potilaalle yksilöllistä. Toiset pääsevät muutaman kuukauden hoitoväleihin, toiset puolen vuoden. Itse olen ollut todella tyytyväinen hoitoon, koska se on tehokkaampaa kuin kipulääkkeiden käyttö ja ajan mittaan huomattavasti halvempaa.

Osteopatia on hoitomuoto jossa nivel vapautetaan väärästä, kipua tuottavasta asennosta niveliä ja lihaksia pehmeästi käsin venyttelemällä ja painelemalla. Hoidolla pyritään parantamaan selkärangan nikamien välisten nivelten liikkuvuutta ja vaikuttamaan samalla hermoston toimintaan. Osteopatian väitetään tuovan helpotusta melkein mihin vaivaan tahansa, vaikuttamalla kokonaisvaltaisesti kehoon ja sen toimintaan.

Osteopatian periaatteet kehitti amerikkalainen kirurgi Andrew Still vuonna 1874. Hoitomenetelmä pohjautuu kiropraktiikkaan, jossa käsitellään käsin kehon eri alueita, eritoten selkärankaa sekä naprapatiaan jossa perusajatus on, että monet tautien oireet aiheutuisivat selkärangan, rintakehän ja lantion siteiden kireydestä. Tänä päivänä osteopatia jakaantuu kahteen "lajiin"; Klassiseen osteopatiaan jossa hoitoa annetaan liikuttelemalla niveliä, lihaksia ja nikamia sekä ortopediseen osteopatiaan jossa päähoitokeino on nikamien niksautus. Hoitoa annetaan niin elämille kuin ihmisille osteopaatin toimesta. Osteopaatti on suojattu ammattinimike jota ei saa käyttää kouluttamaton henkilö. Rekisteriä osteopaateista ylläpitää Suomessa Sosiaali- ja terveysministeriö. Osteopaattisten hoitojen tasoa valvoo Suomen osteopaattiliitto ry.

Osteopaattisen hoidon teho perustuu siihen, että liikuntaelimistöä hoitamalla pyritään vaikuttamaan parantavasti koko hermoston toimintaan ja sitä kautta erilaisiin vaivoihin kuten kipuun, sisäelinhäiriöihin ja muihin vaivoihin johon hermostolla on oma osuutensa. Hoito vähentää lihasjäykkyyttä ja parantaa hermoyhteyksiä. Pelkästään osteopatialla ei pystytä parantamaan esim. maksan, suoliston tai kilpirauhasen vääränlaista toimintaa, mutta oireita voidaan helpottaa ja täten edesauttaa tervehtymistä ja terveenä pysymistä. Erilaisiin liikuntaelinsairauksiin ja kipuihin voidaan tällä menetelmällä vaikuttaa paljonkin. Kivun aiheuttamat vaivat voidaan parantaa joko osittain tai kokonaan ja kipu itsessään poistaa.

Vaikka osteopatialla ei pystytä kovin merkittäviä sairauksia parantamaan, on hoidon vaikutus yleensä silminnähtävän tehokas. Kivuista kärsivä koira tarvitsee yleensä 1 – 4 hoitokertaa päästäkseen kivuistaan jonka jälkeen voidaan siirtyä joko kotihoitoon tai ylläpitohoitoon. Tämä on monesti koiranomistajan viitseliäisyydestä ja tahdosta riippuvainen asia. Hyvä osteopaatti osaa antaa helpot kotiohjeet hyvinvoinnin ylläpitämiseen, jolloin jokainen pystyy antamaan ylläpitohoidon itse kotona omalle koiralleen jos näin haluaa.

Monet kysyvät milloin kannattaa harkita osteopaatilla käyntiä ja paljonko hoito maksaa. Hoitoon kannattaa hakeutua jos koiralla on selkeää jäykkyyttä tai kipuja, mutta periaatteessa olisi hyvä käydä tarkastuskäynnillä vuoden-parin välein siitä kun koira on täysikasvuinen. Yllättävän monet koirat ovat ns. vinoja. Vinous saattaa tulla siitä kun koira juoksee kovaa päin jotakin esinettä tai pelkästään siitä että se riehuu lajitovereidensa kanssa. Vinous ei aiheuta koiralle kipuja heti, vaan vaivat kehittyvät hiljalleen vuosien varrella. Oireita joita kuka tahansa voi tällaisesta havaita on se, että koira juoksee tai kävelee jollakin tapaa vinossa, istuu aina tai useimmiten toisella kankullaan eikä tasaisesti molemmilla, vaihtelee usein asentoa maatessaan pidempään paikallaan ja niin edelleen.

Itse olin siinä käsityksessä, että nuoremmalla 2-vuotiaalla koirallani oli vain tapana istua toisella kankulla, mutta käytyäni osteopaatilla tarkistuskäynnillä minulle selvisi että se on vino. Yhden hoitokerran jälkeen huomasin selkeästi eron ja toisen hoitokerran jälkeen pystyimme siirtymään suoraan kotona tehtävään ylläpitohoitoon. Ero oli huomattava; Koira juoksi huomattavasti kevyemmin ja suoremmin, se istui suoraan molemmilla kankuilla, se ei enää vaihdellut asentoa kovinkaan usein, vaan saattoi maata samassa asennossa tuntitolkulla nukkuen ja mikä tärkeintä, se alkoi venytellä jälleen pitkästä aikaa. Tämä saattaa kuulostaa hyvinkin kummalliselta, mutta se on äärimmäisen hyvä asia jos koira venyttelee paljon. Tällä tavalla se itse korjaa pieniä virheasentoja mitä pääsee syntymään. Jos kuitenkin on käynyt niin, että koira on vinossa ja kehossa erilaisia jännityksiä, ei koira välttämättä edes pysty venyttelemään.

Osteopaatilla käynnin hinta vaihtelee suuresti, mutta nykypäivänä kohtuullinen hinta yhdestä käynnistä on 25–35 euron välillä. Yhden käyntikerran pituus on monesti 45 – 60 minuuttia jolloin koiran koko keho käydään läpi.

Nivelrikkoisen koiran BARF

*Nivelrikkoisen tai ns. vanhuudenvaivoja
kärsivän koiran BARF ei eroa hirmuisesti
tavallisesta BARFista, mutta jonkin verran
kuitenkin.*

Olen joskus lukenut nivelrikkoisen koiran BARF ruokavaliosta artikkelin, jossa kehotettiin pitämään koira lähinnä kasvisravinnolla. Tästä olen kutienkin tyystin eri mieltä. Luitte varmasti jo edellisistä luvuista Lindasta, joten tiedätte että olen päässyt seuraamaan hyvin läheltä sitä, miten koira muuttuu elämänhaluttomasta kipukoirasta jälleen elämäniloiseksi koiranväkkäräksi josta vielä 11-vuotiaanakin kysytään "Onko tuo pentu?!". Ensimmäisen kerran kun tätä kysyttiin Lindasta, sen jälkeen kun kivut oli saatu kuriin, luulin että kysyjä pilaili kustannuksellani. Sain hyvin pian huomata hänen olevan aivan tosissaan. Vaikeampaa on sitten saada tällainen kysyjä uskomaan Lindan oikea ikä.

Miksi nivelrikkoiselle BARF?

Aivan ensimmäiseksi neuvoisin nivelrikkoisen koiran omistajaa jättämään pois kaikki teolliset valmisruoat. Tähän lukeutuvat siis niin nappulat kuin tölkkiruoatkin.

Meille uskotellaan edelleen, että nämä valmisteet ovat parhaimpia koirille, täysin tasapainotettuja täysravintoja. Jopa suurin osa eläinlääkäreistä suosittelee valmisruokia käytettäväksi. Tämä ei ole mikään ihme. Opiskeleville eläinlääkäreille opetetaan, että valmisruoat ovat kaiken a ja o. Osasyynä tähän on se, että luennoitsijat ovat yleensä jonkin valmisruokafirman edustajia.

Olen itse ollut ehdottomasti sitä mieltä, että nappulat ovat se paras ruoka, kunnes olen nähnyt miten paljon ravinto voi vaikuttaa niin terveen kuin sairaan koiran olemukseen. Lindalle syötin aluksi eri kuivamuonia ja löysin muutaman todella hyvän sarjan, mutta mikään ei vedä vertoja BARFille omasta mielestäni!

Valmisruoat sisältävät niin paljon viljoja, riisiä, lisäaineita ja todella rankasti prosessoituja raaka-aineita, että koiran keho ei enää osaa hyödyntää ravintoaineita ja hukkuu lisä-, väri- ja säilöntäaineisiin. Koiranruokien valmistuksessa nimittäin kaikki raaka-aineet kuumennetaan yli 200 asteeseen, jolloin voitte kuvitella, ettei ravintoaineista jää juuri mitään jäljelle kun jo keittäminen (100 astetta) tuhoaa miltei kaiken. Viljat, riisit, soija ja niin edelleen, eivät kuulu koiran luontaiseen ruokavalioon alun perin lainkaan.

Koirat ovat ruhonsyöjiä, eli niiden koko elimistö on kehittynyt syömään toisia eläimiä kokonaisena: karvat/suomut/höyhenet, lihan, luut ja sisäelimet. Kasviskunnan tuotteet jäävät vähemmälle, puhumattakaan siitä että ne olisivat pääroolissa.

Mitä tulisi ottaa huomioon?

Koska nivelrikkoisella/"vanhuudenvaivoista" kärsivällä koiralla on tiettyjä rajoituksia ja tarpeita, nämä tulisi ottaa erityisen hyvin huomioon ruokavaliossa. Ensinnä koiraa ei missään nimessä pitäisi päästää lihomaan, vaan pitää hyvin sutjakassa kunnossa ja lihaskunto hyvänä. Toiseksi, koiran elimistöä ei saisi rasittaa koirille haitallisilla aineilla.

Käytännössä tämä tarkoittaa sitä, että koiran tulee saada energiankulutukseensa nähden sopivasti ruokaa ja oikeanlaista liikuntaa. "Sopivasti ruokaa" tarkoittaa sitä, että koira ei liho eikä laihdu. Tämän saavuttaminen saattaa vaatia hieman harjoittelua, mutta pian sen oppii tarkkailemalla koiraansa. Myös esim. sääolosuhteet vaikuttavat tähän, kuten lämmin ja kylmä. Kylmällä säällä energiaa kuluu enemmän kuin lämpimällä.

Oikeanlainen liikunta tarkoittaa sitä, että koira ei kylmiltään saa rynnätä juoksemaan/riehumaan, vaan ensin lämmitellään lihakset joko kevyellä ja rauhallisella liikunnalla tai loimella tms. Rauhallinen ja kevyt liikunta on aina parempi vaihtoehto kuin ns. "keinotekoinen" lihasten lämmittäminen, mutta parempi niin kuin ei ollenkaan. Markkinoilla tosin on keraamisia loimia jotka lämmittävät ja vetreyttävät koiran lihaksia lähes samoin kuin kevyt ja rauhallinen lämmittelyliikunta. Näitä käytetään kohtalaisen laajasti urheilu- ja kilpailukoirien parissa. Oikeanlaiseen liikuntaan kuuluu myös se, että koira ei saisi repiä itseään. Tilanteita jossa koira riuhtoo ja tekee äkkikäännöksiä hirmuisella vauhdilla, tulisi välttää. Tämä ei kutienkaan tarkoita sitä, että koira ei saisi juosta! Parasta liikuntaa on nimenomaan juokseminen vapaana. Remmissä koira joutuu koko ajan myötäilemään omistajansa liikkeitä.

Haitalliset aineet.

Kuten edellä mainittu, koiran elimistöä ei saisi rasittaa haitallisilla aineilla. Lisä- ja väriaineiden lisäksi tämä tarkoittaa myös ravintoaineita joita ihminen nauttii usein, mutta joita koira ei luonnonmukaisessa ravinnossaan nauttisi. Nämä ovat (saatat tunnistaa listan aiemmin kirjasta):

- Viljaa sisältävät tuotteet. Mukaan lukien koirankeksit, leivänpalat, tietyt puruluut, eli kaikki missä mahdollisesti on käytetty viljatuotteita
- Kaikki maitotuotteet, mukaan lukien hapanmaitotuotteet kuten piimä, raejuusto, viili jne.
- Kaikki soijaa sisältävät tuotteet
- Kaikki maissia sisältävät tuotteet
- Kaikki väri-, säilöntä- ja lisäaineita sisältävät tuotteet., olkoon sitten keinotekoista säilöntäainetta tai "luonnollista" säilöntäainetta (joskus käytetään esim. Säilöntäaineena käytetty E-vitamiinia, mutta tämä ei ole luonnollista E-vitamiinia)

Viljat, soija sekä maissi sisältävät gluteenia joka saattaa joidenkin tutkimusten mukaan olla yhtä tappavaa suurimmalle osalle koirista kun mitä se on ihmisissä keliakikoille. Oireet vain voivat myös viitata johonkin aivan muuhun kuin ruoansulatuselimiin. Näin on myös ihmisillä. Harhaluulo on, että keliakia todetaan aina siitä, että maha menee sekaisin joka kerta kun henkilö syö jotakin gluteenipitoista. Monilla oireet ovat aivan erilaiset; Kutiava iho, hiustenlähtö, sydämentykytykset, alentunut vastustuskyky jolle ei löydy syytä, erilaiset tulehdukset sisäelimissä jolle ei löydy syytä jne. Nämä ovat todella yleisiä myös koirilla. Eläinlääkärit keskittyvät kovin monesti hoitamaan oireita, sen sijaan että tutkisivat syytä.

Oman kokemukseni mukaan gluteenin poistaminen ruokavaliosta on tuonut merkittävän muutoksen alle kuukaudessa ruokavalion aloittamisesta. Joskus gluteenin poisjättäminen on hankalaa, koska sitä käytetään niin laajasti. Esim. Rouhepuruluut sisältävät gluteenia, monet lisäravinteiden kapselit sisältävät gluteenia, melkein kaikki ihmisille tarkoitetut ruoat sisältävät gluteenia jne. Varmin tapa olla syöttämättä ollenkaan gluteenia koiralleen, on pysytellä pelkästään lihassa/kalassa, luussa ja vihanneksissa/marjoissa/hedelmissä.

Maitotuotteet ovat monesti kiistanalainen asia. Itse olen jättänyt nämä kokonaan pois, koska en näe mitään syytä miksi koira niitä tarvitsisi. Ei koira luonnossa ole saanut juustoa tai piimää. Kuitenkin monet ovat sitä mieltä, että piimä, raejuusto tai viili tekee hyvää koiran vatsalle. Näin saattaa olla joidenkin yksilöiden kohdalla ja jos näin on, miksi niitä ei silloin voisi syöttää? En näe siinä mitään syytä miksi se olisi ehdottoman kiellettyä, mutta en sitä myöskään suosittele juuri siitä syystä, että se ei kuulu koiran luonnolliseen ruokavalioon.

Säilöntä- ja väriaineet ovat haitallisia niin ihmisille kuin koirille. Tämän kaikki varmasti tietävät, mutta harva tulee ajatelleeksi kuinka usein niitä nautimme. Koiramme saavat niitä omista valmisruoistaan sekä herkkupaloistaan. Ihmiset saavat niitä miltei kaikista valmisruoista: Maitotuotteista, makeisista, kekseistä ja leivistä, mikroaterioista, eineksistä... Jos pysähdyt miettimään kuinka paljon ruokaa päivittäin syöt jossa EI OLE säilöntä tai väriaineita, jää lista todennäköisesti lyhyeksi. Silti uskallan väittää, että jokainen voi paremmin mitä vähemmän valmisruokia nauttii. Vertaa vaikka henkilöä joka valmistaa ruokansa alusta loppuun joka päivä itse raaka-aineista henkilöön joka syö pelkkiä mikroaterioita päivästä toiseen. Molemmat pysyvät varmasti elossa, mutta toinen sairastelee enemmän ja on heikommassa kunnossa kuin toinen.

Suositeltavat ravintoaineet

Suositeltavat ravintoaineet ovat lihat, luut ja sisäelimet. Koska nivelrikkoisen/"vanhuudenvaivoista" kärsivän koiran nivelnesteet ovat koetuksella, on se äärimmäisen hyvä asia jos se saa niitä lisää ravinnostaan. Eläinten (kuten ihmistenkin) keho pystyy tuottamaan nivelnesteitä jotka voitelevat niveliä. Tämä kuitenkin vaatii jos jonkinlaisia ravintoaineita ja aineiden muodostaminen vie kauan.

Esimerkiksi glukosamiini on aine jota löytyy nivelnesteestä ja jota yleisesti annetaan ravintolisänä nivelrikkoisille koirille. Tälle aineelle on kutienkin luonnollinen vaihtoehto: Luut ja nivelet. Koiran elimistö eroaa ihmisen elimistöstä siten, että se pystyy hyödyntämään tiettyjä aineita nauttimastaan ravinnosta suoraan, välttyen näin tuottamasta niitä itse. Ihmisen elimistö sulattaa suurimman osan kaikista syödyistä aineista, pilkkoo palasiin ja valmistaa näistä pilkkeistä sitten tarvitsemansa. Koirien elimistö kykenee imemään suoraan esim.

nivelnesteaineet ruoasta ja hyödyntämään niitä. Tästä syystä erittäin suositeltava lihainen luu nivelrikkoiselle koiralle ovat selkärangat. Sillä ei ole ratkaisevaa merkitystä ovatko rangat possun, jäniksen vai kanan tai jonkun muun eläimen. Niissä on kuitenkin runsaasti nivelille hyviä aineita ja niitä tulisi tarjota koiralle paljon.

Ennen kuin siirsin Lindan gluteenittomalle ja hyvin luupitoiselle ruokavaliolle, syötin Lindalle puhdasta glukosamiini- ja magnesiumjauhetta päivittäin. Huomasin kyllä eron sen välillä syötinkö näitä ravintoaineita vai en, mutta niiden vaikutus oli silti kohtalaisen lievää ja vaati jatkuvaa ylläpitoannostusta. Pienenkin tauon huomasi nopeasti, vaikka glukosamiinin uskotaan olevan hidas- ja pitkävaikutteinen.

Sen jälkeen kun aloin syöttämään runsaasti niveliä ja selkärankoja sekä poistin ruokavaliosta kaikki haitalliset aineet (lueteltu listassa yllä) ei minun ole enää tarvinnut syöttää glukosamiinia eikä magnesiumia. Silti Linda on ollut paljon paremmassa ja kivuttomammassa kunnossa kun ikinä (ellei nuoruusvuosia oteta lukuun tietysti..).

Kasvikset ovat luku sinänsä ja myös kiistelty aihe. Joidenkin mielestä kasviksia tulisi syöttää runsaasti ja päivittäin. Omasta mielestäni ne eivät ole niin ratkaisevassa asemassa mikäli ruokavalioon kuuluu sisäelimet ja maha säännöllisesti. Itse suosin myös merilevän käyttöä, josta koira saa tarvitsemansa mineraalit. Merilevää koira ei luonnossa saisi, mutta luonnossa sillä olisi mahdollisuus valita itse ne kasvit ja marjat joita haluaa nauttia. Kotikoiralla harvemmin on sitä mahdollisuutta vaikka satunnaisesti mustikkapensaan ohi kävelisikin. En kutienkaan näe kasvisten syöttämisessä mitään haittaa niin kauan kun kasvismössön osuus kokonaisruokamäärästä pysyy alle kuudessa prosentissa.

Jos kutienkin puhutaan sairaasta tai toipilaskoirasta, on eritoten marjojen syöttäminen monesti koiran terveydelle hyödyllistä sen sisältämän C-vitamiinin vuoksi. Kuten ihmisilläkin, C-vitamiini auttaa vahvistamaan vastustuskykyä, parantamaan haavoja ja niin edelleen.

Lyhyesti mitä nivelrikkoiselle koiralle tulisi syöttää:

- 70–80% ruokavaliosta tulisi koostua lihaisista luista, eritoten selkärangoista ja nivelistä. Kuitenkin eläinläjien vaihtelu tulee muistaa!

- 30–14% ruokavaliosta tulisi koostua lihasta, sisäelimistä, kalasta ja munista. Näidenkään osalta ei eläinlajien vaihtelun merkitystä voi korostaa liikaa.

- Alle 6% ruokavaliosta tulisi koostua kasvikunnan tuotteista. Kasviksissa kannattaa suosia eritoten lehteviä kasveja (salaatit, pinaatit, nokkoset...)

Otos meidän BARF-päiväkirjasta

Haluaisin tässä jutussa korostaa, että tämä
on tapa jolla itse toimin koirieni kanssa.

Tämä ei ole ainoa oikea tapa, eikä määrät ja raaka-aineet ole jokaiselle sopivia, vaan jokaiselle koiralle tulee suunnitella oma ruokavalio joka on räätälöity juuri sen yksilön tarpeisiin. Haluan myös korostaa, että ainekset ja määrät alla olevassa tilauksessa on esimerkki siitä millainen ruokatilaus voi olla. Meillä se oli tällä kertaa tällainen, mutta vaihtelee joka tilauksen yhteydessä. Tämä siis väärinkäsitysten välttämiseksi!

Aivan aluksi BARFaaminen on syytä aloittaa asiaan perehtymällä. Kun asiaan on perehtynyt voi ruokailurumba alkaa. Ensimmäinen askel on tietysti ruuan tilaus tai nouto raakaravintoa myyvästä liikkeestä. Seuraavaksi se pitää kuljettaa tai kuljetuttaa kotiin ja varastoida pakkaseen, jossa ensikertalaisella saattaa tulla tilaongelma, sillä harva käsittää alkuunsa (ainakaan itse en käsittänyt) kuinka paljon tilaa lihat ja etenkin luut vievät. Itse suosin arkkupakastinta, koska sinne saa järjesteltyä suuremmatkin luusäkit ilman vaikeuksia koska tilaa eivät rajoita laatikot tai korit.

Havainnollistaakseni paremmin minkälaista raakaravinnon syöttäminen kolmelle koiralle, joista kaksi ovat jättirodun edustajia ja toimivat työtehtävissä on, olen koonnut erään tilauksemme tuotteet, ja hinnat näistä seuraaville sivuille. Yksi keskikokoinen kotikoira jonka liikunta on parhaimmillaan kohtalaista, söisi tällaista määrää ruokaa aika kauan.

Tuote	Hinta/kpl	Hinta yht.	KG yht.	Laji
Lohi 3kg	7.50 €	7,50 €	3	Kalaa
Broilerin kaulat 2kg	6.40 €	6,40 €	2	Lihaa
Hevosen jauheliha 1kg	3.50 €	3,50 €	1	Lihaa
Sian kielet 1kg	3.50 €	3,50 €	1	Lihaa
Sian kurkkutorvet 0,6kg	1.20 €	1,20 €	0,6	Lihaa
Broilerin selkäranka 1,5kg	4.50 €	9,00 €	3	Lihainen luu
Broilerin siivet 2kg	7.00 €	7,00 €	2	Lihainen luu
Häränhännät 6kg	21.00 €	21,00 €	6	Lihainen luu
Kalkkunan siivet 3 kg	11.40 €	11,40 €	3	Lihainen luu
Naudan rustoluut 5 kg	10.00 €	10,00 €	5	Lihainen luu
Sian luut 10kg	13.00 €	13,00 €	10	Lihainen luu
Sian sorkat 2 kg	3.00 €	3,00 €	2	Lihainen luu
Broilerin kivipiira, 1kg	3.50 €	3,50 €	1	Sisäelintä
Naudan maha 800g	2.00 €	2,00 €	0,8	Sisäelintä
Naudan sisäelinseos 800g	2.20 €	2,20 €	0,8	Sisäelintä
Sian maksa, jauhettu, 0,5kg	1.50 €	1,50 €	0,5	Sisäelintä
Sian sisäelinseos 0,5kg	1.50 €	1,50 €	0,5	Sisäelintä
Sian sydän, jauhettu, 0,6kg	1.68 €	1,68 €	0,6	Sisäelintä
YHTEENSÄ		108,88 €	42,8 kg	

Lihainen luu	31kg / 72%
Kala+Sisäelin+Liha	11,8k g / 28%
Hevonen	2 %
Kalkkuna	7 %
Lohi	7 %
Broileri	19 %
Nauta	29 %
Sika	36 %

Kun sitten lihat ja luut on kotona saatu pakkaseen, pitää niitä muistaa ottaa valmiiksi sulamaan annos kerrallaan.

Itse annan monesti luut (lukuun ottamatta kanan- ja kalkkunansiipiä) jäisenä. Näin voi toimia, kunhan muistaa että tämä ei ole luonnollista koiralle. Luonnossa koira saisi "säänlämpöistä" ravintoa, ellei kyseessä olisi vastikään kaadettu saalis. Lihat ja sisäelimet sulatan aina ennen kuin tarjoilen ne koirille. Tämä ei tietenkään ole välttämätöntä, mutta mielestäni suositeltavaa. Lihoja ja sisäelimiä on helpompi annostella sulana. Kovin monesti ne ovat pakattu 400-800g pakkauksiin.

Sulattamispaikka on syytä valita huolella, koska raakapakasteista tulee aina sulamisvettä ja mahdollisesti jonkin verran verta jota lihoissa ja luissa mahdollisesti on jäljellä. Sisäelimissä verta on aivan varmasti runsaasti, joten niiden alle kannattaa laittaa hieman syvempi astia.

Sulatuksen voi tehdä huoneenlämmössä tai vaikka jääkaapissa. Itse laitan raakapakasteet sulamaan tiskialtaaseen mukavuussyistä. Sulamisvedet ja mahdolliset veret valuvat suoraan viemäriin ja allas on helppo huuhdella tyhjentämisen jälkeen.

Suoraan pakkasesta tai sulatuksen jälkeen on ruoka valmista tarjottavaksi koiralle. Itse annan luut ja rustot suoraan koirille syötäväksi, en siis laita niitä kuppeihin. Tila jossa koirat syövät on kuitenkin rajattu eteiseen jossa jokaisella on oma kynnysmatto alustana. Kynnysmatot ovat siitä käteviä, että niissä on liukumaton pohja, ne ovat likaa hylkiviä ja helppoja pestä. Alustaksi kelpaa

85

kutienkin melkein mikä tahansa, vaikka pelkkä lattia. Sotkua siitä tosin kyllä syntyy, mikäli minkäänlaista alustaa ei ole. Lihat ja sisäelimet syötän kupista.

Ihan kuten omissa ruuissani, suosin hyviä raaka-aineita. Omasta mielestäni kuivamuonan syöttäminen on hieman vastaavaa kuin itse söisi valmisaterioita koko ajan. Mutta toisaalta, samalla tavallahan jotkut ihmiset elävät valmisaterioilla, kuten jotkut koiratkin. Kyllä silläkin pysyy hengissä! Terveellisyydestä voi sitten olla montaa eri mieltä.

Kaiken kaikkiaan voi siis todeta, että raakaravinnon syöttämisessä on oma vaivansa, eikä se sovi kaikille. Jokaisen on valittava minkälaista ruokavaliota noudattaa, tärkeää on mielestäni tiedostaa mitä mikäkin ruoka aiheuttaa pidemmällä tähtäimellä.

Jotta saisitte vielä paremman kuva siitä mitä ja miten koirani syötän, on seuraavassa lueteltu vielä jokaisen koiran ruokapäiväkirja. Vointia en siihen ole kirjannut, koska kaikki koirista voivat hyvin eikä niillä ole mitään erityisiä vaivoja.

Suurin osa aineksista jotka löytyvät ruokapäiväkirjasta ovat edellä mainitussa tilauksessani, mutta eivät kaikki, sillä minulla oli jäljellä pakkasessa jonkin verran tuotteita ennestään.

4.1.2009	
Aamu:	Linda: Linda: 1/3 murren lihakasvis-mix pötköstä
	Heppu: reilu puolitoista kiloa sikanauta jauhelihaa
	Dii: reilu puolitoista kiloa sikanauta jauhelihaa (josta jätti puolet)
Ilta:	Linda: Kaksi sian kylkiluuta
	Heppu: Sekalaisia sianluita n. puolitoista kiloa
	Dii: Sekalaisia sianluita noin kilo sekä sikaunauta jauhelihaa noin puoli kiloa
5.1.2009	
Aamu:	Linda: Linda: 1/3 murren lihakasvis-mix pötköstä
	Heppu: ½kg hevosen jauhelihaa ja ½kg possun kieliä
	Dii: ½kg hevosen jauhelihaa ja ½kg possun

	kieliä
Ilta:	Linda: 3 kanansiipeä
	Heppu: 8 kanansiipeä
	Dii: 8 kanansiipeä

6.1.2009

Aamu:	Linda: 3 kanansiipeä
	Heppu: 4 kanansiipeä ja naudan lumpio
	Dii: 12 kanansiipeä
Ilta:	Linda: sekalaisia pieniä naudanluita
	Heppu: 800g broilerin selkärankaa
	Dii: 700g broilerin selkärankaa

7.1.2009

Aamu:	Linda: Nokare naudan sisäelinseosta ja lohta.
	Heppu: 400g naudan sisäelinseosta ja 250g lohta
	Dii: 400g naudan sisäelinseosta ja 250g lohta
Ilta:	Linda: Naudan selkärankaa
	Heppu: 2 siansorkkaa, naudan selkärankaa
	Dii: 2 siansorkkaa, naudan selkärankaa

8.1.2009

Aamu:	Linda: Pieni possunkoipi, ½dl kasvismössöä ja 2 mittaluskiallista merilevää
	Heppu: ½kg naudan mahaa, 400g lohta, 1 dl kasvismössöä
	Dii: ½kg naudan mahaa, 400g lohta, 200g lihaista rasvaa, 1dl kasvismössöä
Ilta:	Linda: pätkä sian selkärankaa
	Heppu: Kaksi sian selkärankaa
	Dii: Kaksi sian selkärankaa

9.1.2009

Aamu:	Linda: Naudan rustoluu
	Heppu: Naudan rustoluita
	Dii: Naudan rustoluita

Ilta:	Linda:Sian maksaa 50g, sikanauta jauhelihaa nokare, kasvismössöä 1dl Heppu: Sian maksaa 225g, sikanauta jauhelihaa 800g, kasvismössöä 1dl Dii: Sian maksaa 225g, sikanauta jauhelihaa 600g, kasvismössöä 1dl
10.1.2009	
Aamu:	Linda: Naudan rustoluu Heppu: Naudan rustoluita Dii: Naudan rustoluita
Ilta:	Linda: Poronluu Heppu: Poronluita Dii: Poronluita
11.1.2009	
Aamu:	Linda: Poronluu Heppu: Poronluita Dii: Poronluita
Ilta:	Linda: Sikanauta jauhelihaa Heppu: Sikanauta jauhelihaa Dii: Sikanauta jauhelihaa
12.1.2009	
Aamu:	Linda: Poronluu Heppu: Poronluita + possun rintalasta Dii: Poronluita + possun rintalasta
Ilta:	Linda: Sikajauheliha Heppu: ½kg lohta + lihainen rasva + kasvismössö Dii: ½kg lohta + lihainen rasva + kasvismössö
13.1.2009	
Aamu:	Linda: Naudanluu Heppu: 250g sian sisäelinseosta + 250g lohta Dii: 250g sian sisäelinseosta + 250g lohta + 300g naudan lihaista rasvaa

Ilta:	Linda: Possun luu Heppu: Broilerin selkärankoja n. 750g + naudan rustoluita palaa Dii: Broilerin selkärankoja n. 750g + naudan rustoluita palaa
14.1.2009	
Aamu:	Linda: Kanansiipiä 3 kpl Heppu: Kanansiipiä 12 kpl Dii: Kanansiipiä 12 kpl (joista söi 6)
Ilta:	Linda: Sianluu Heppu: 4 naudan rustoluupalasta Dii: 6 kanansiipeä aamusta + Sian kylkiluu + pätkä sian selkärankaa
15.1.2009	
Aamu:	Linda: Sianluu Heppu: Sianluita Dii: Sianluita
Ilta:	Linda: Sian sydänjauheliha 50g + sian jauheliha 50g Heppu: Sian sydänjauheliha 275g + sian jauheliha 275 g + sikanautajauhelihaa 250 g Dii: Sian sydänjauheliha 275g + sian jauheliha 275 g
16.1.2009	
Aamu:	Linda: 3 kanan kaulaa Heppu: n. ½kg kanan kaulaa Dii: n. ½kg kanan kaulaa
Ilta:	Linda: 2 kanan kaulaa Heppu: n. kilo kanan kaulaa Dii: Vajaa kilo possun luita
17.1.2009	
Aamu:	Linda: hyvin pieni kalkkunan siipi Heppu: Kaksi suurta kalkkunan siipeä Dii: Kaksi suurta kalkkunan siipeä (ei syönyt kumpaakaan)

Ilta:	Linda: häränhännänpala Heppu: kaksi kalkkunan siipeä + häränhännänpala Dii: 4 häränhännänpalaa
18.1.2009	
Aamu:	Linda: Häränhännänpala Heppu: 4 härnäntännän palaa Dii: 3 häränhännän palaa
Ilta:	Linda: 1,5 häränhännän palaa Heppu: reilu kilo sikanautajauhelihaa Dii: N. kilo sikanautajauhelihaa
19.1.2009	
Aamu:	Linda: n. 100g sikanautajauhelihaa + 1dl kasvismössöä Heppu: 2 suurta häränhännän palaa + sikanautajauhelihaa Dii: 2 suurta häränhännän palaa + sikanautajauhelihaa
Ilta:	Linda: Sian luu Heppu: Sekalaisia sianluita Dii: Sekalaisia sianluita

Kuten taulukosta saattaa helposti nähdä, riitti vajaa 43kg ruokaa omille koirilleni reilut kaksi viikkoa. Tänä aikana sää oli -1 - -10 asteen välillä, suurimmaksi osaksi lähempänä yhtä miinusastetta kuin kymmentä. Koirat ulkoilivat kahdesta kuuteen tuntiin päivittäin, ja niitä käytettiin koulutustehtävissä pari kertaa viikossa.

Karkeasti arvioiden listaa katsellessa voisi todeta, että noin joka kolmas ateria koostuu lihoista ja sisäelimistä, loput lihaisista luista. Tätä tukee suhdeluvut josta kirjan alussa kirjoitin: 60–70% lihaisia luita, loput lihaa, kalaa, sisäelimiä ja kasvismössöjä.

Ruokapäiväkirja

Päiväys:_____

Aamuruoka:_____
_____
_____
_____

Päiväruoka:_____
_____
_____
_____

Iltaruoka:_____
_____
_____
_____

Vointi:_____
_____
_____
_____

Lähteet

Lähdeluettelo kirjallisuus

Kirjailija / Kirjailijat	Kirjan nimi	ISBN
Ashton, Bastin & Nixon	Better food for dogs	978077800569
Billinghurst	Give your dog a bone	9780646160283
Billinghurst	Grow your pups with bones	9780958592505
Billinghurst	The BARF diet	958592519
Ekblom	Koiran luonnollinen ruokinta	9529214006
Kivimäki	Koiran luonnonmukainen hioto	9789529906635
Lazarus	Keep your dog healthy the natural way	449005143
Lonsdale	Feed your dog raw meaty bones	975717405
MacDonald	Raw dog food	1929242093
Martin	Food pets die for	9780939165568
McCarthy, Budras, Fricke	Anathomy of the dog	3899930185
Paterson	Skin diseases of the dog	632048085
Schultze	Natural nutrition for dogs and cats	9781561706365

Lähdeluettelo artikkelit

Kirjoittaja	Artikkeli	Julkaisija
Christie Keith	• Your whole pet	San Francisco Chronicle
John B. Symes	• Food intolerance in animals and man • Gluten intolerance in dogs and cats • "The answer"	www.dogtorj.com
Jefferson Adams	• Gluten and toxins in pet foods: Are they poisoning our pets?	www.celiac.com
Kempe, Saastamoinen, Hyyppä, Smeds	• Composition, digestibility and nutrive value of cereals for dogs	MTT Agrifood Research Finland

Lähdeluettelo muut

EVIRA – Elintarviketurvallisuusvirasto
FINELI – Terveyden ja hyvinvoinnin laitos
Maa- ja metsätalousministeriö